987861

Doris Baumann

Ponys und Kleinpferde halten

55 Fotos
14 Zeichnungen

Ulmer

Inhalt

- 4 Vorwort
- 7 **Pony- und Kleinpferderassen in Deutschland**
  - 7 Camargue-Pferd
  - 8 Connemara-Pony
  - 10 Dales-Pony
  - 11 Dartmoor-Pony
  - 13 Deutsches Reitpony
  - 14 Dülmener
  - 16 Exmoor-Pony
  - 17 Fell-Pony
  - 19 Fjordpferd (Norweger)
  - 20 Haflinger
  - 23 Highland-Pony
  - 24 Islandpferd
  - 25 Konik
  - 27 Mérens-Pony
  - 28 New-Forest-Pony
  - 29 Shetland-Pony
  - 33 Welsh-Mountain-Pony (Sektion A)
  - 34 Welsh-Pony (Sektion B)
  - 35 Welsh-Pony im Cob-Typ (Sektion C)
  - 35 Welsh-Cob-Pony, Sektion D
- 38 **Ein Pony kaufen**
  - 38 Kinderpony
  - 40 Familienpony
  - 40 Pony zum Fahren
  - 41 Welches Alter?
  - 42 Fohlen
  - 43 Stute, Hengst, Wallach
  - 44 Wo kauft man Ponys oder Kleinpferde?
  - 44 Was beim Kauf zu beachten ist
  - 48 Ankaufsuntersuchung
  - 48 Die Zähne zeigen das Alter
  - 50 Kaufpreis
  - 51 Kaufvertrag und das neue Recht

Die meisten Ponyrassen, hier ein Camarquepferd, sind recht temperamentvoll und genießen ein „zügelloses" Austoben auf der Koppel.

95 Gesunderhaltung
- 95 Krankheitsvorsorge
- 95 Erste Hilfe
- 97 Die häufigsten Krankheiten
- 106 Die Stallapotheke
- 107 Impfen und Entwurmen

109 Ausbildung
- 110 Der Umgang mit Ponys
- 112 Fohlentraining
- 113 Führtraining
- 114 Longieren
- 116 Anreiten
- 119 Kleine klassische Reitlehre
- 123 Westernreiten
- 126 Einfahren
- 127 Geschirr zum Reiten und Fahren
- 134 Ponys transportieren

136 Spaß und Freude mit Ponys
- 137 Ponyspiele
- 139 Wanderreiten

147 Nachwuchs
- 147 Verpaarung
- 148 Trächtigkeit
- 149 Geburt
- 151 Aufzucht des Fohlens

153 Service
- 153 Literatur
- 154 Adressen
- 157 Bildquellen
- 158 Register

53 Haltung
- 53 Verordnungen zur Pferdehaltung
- 56 Anforderungen an die Haltungsform
- 56 Offenlaufstall und Aktivstall
- 61 Freilandhaltung
- 61 Pferdegerechte Boxenhaltung
- 66 Stallgebäude und Einrichtungen
- 72 Auslauf
- 73 Weide und Einrichtungen
- 80 Fütterung
- 87 Tränken
- 88 Körper- und Hufpflege

Vorwort

Kaum ein anderes Lebewesen ist imstande, sich so vollendet an Klima und Umwelt anzupassen wie das Pferd. Die verschiedenen klimatischen Verhältnisse auf der Erde und die damit in engstem Zusammenhang stehenden Vegetationsgebiete brachten Pferde hervor, die vor allem in ihrer Größe stark voneinander abwichen.

Aber auch menschliche Einflussnahme auf das Zuchtgeschehen entsprechend der jeweiligen Anforderungen und Bedürfnisse zeitigte immer wieder neue Pferdetypen.

Bis in das vergangene Jahrhundert war das Pferd dem Menschen in Friedens- und Kriegszeiten ein fleißiger Kamerad, und erst die Zeit der fortschreitenden Technisierung sowohl in der Landwirtschaft als auch in der Wirtschaft und die Automatisierung haben das Pferd seiner eigentlichen Bestimmung als Arbeitstier weitestgehend beraubt. Das betraf auch die Ponyrassen; gerade Haflinger und Fjordpferde setzte man früher gerne in der Land- und Forstwirtschaft ein.

Einen ungeahnten Aufschwung erfuhr die Pferdezucht und -haltung schließlich dadurch, dass der Mensch infolge des größeren Freizeitangebotes Pferde in die Freizeitgestaltung mit einbezog. Nicht nur auf dem Land, auch in der Stadt erfreut sich der Pferdesport, der in all seinen Sparten gepflegt wird, heute größter Beliebtheit. Für die Ponys und Kleinpferde setzte ein wahrer Siegeszug ein, da man ihren Wert unter anderem für das Freizeit- und Wanderreiten schnell erkannte.

So wie der Geschmack der Käufer nun ein leichteres, edleres Reitpferd verlangte, wurden auch die Ponyzüchter mit diesem Trend konfrontiert. Eine züchterische Umformung in Anpassung an die Käuferwünsche machte gerade die vorher etwas gewichtigeren Ponys wie Haflinger und Fjordpferde wieder attraktiv. In den letzten 20 Jahren des vorigen Jahrhunderts ist es den Ponyzüchtern gelungen, ein leistungsfähiges Jugendsportpferd zu züchten, wobei manche Rassen durchaus auch für den erwachsenen Reiter geeignet sind.

Dieses Buch soll demjenigen Hilfestellung geben, der sich der Ponyhaltung verschreiben möchte und überlegt, welches Pony für ihn und die Familie am besten geeignet ist. Ein Überblick über die Rassen, die Bedürfnisse der Ponys als Herdentiere, ihre Gesunderhaltung, die optimalen Haltungsbedingungen und die Möglichkeiten der sportlichen Freizeitbetätigung sollen die Entscheidung erleichtern.

Rechte Seite:
Was ein echter Reiter werden will ... Dennoch sollte, auch wenn dieser kleine Mann der Sohn des Reiterhofbesitzers und bestens mit Ponys vertraut ist – stets ein Erwachsener dabei sein, wenn die Kinder und die Ponys beieinander sind.

Bedanken möchte ich mich bei Frau Dr. Margit H. Zeitler-Feicht für die sorgfältige Durchsicht des Manuskripts, wertvolle Hinweise und Verbesserungsvorschläge. Mein besonderer Dank gilt meiner Lektorin, Frau Dr. Eva-Maria Götz; sie hat sich wie immer ganz im Stillen meiner „Stilblüten" angenommen.

Bad Urach, im Frühjahr 2009 Doris Baumann

Pony- und Kleinpferderassen in Deutschland

Die Rassekennzeichen der nachfolgend gezeigten Ponyrassen entsprechen jeweils dem Zuchtziel der Arbeitsgemeinschaft für Pony- und Kleinpferdezüchter (AGP).

Außer diesen 17 beschriebenen gibt es noch sehr kleine Bestände anderer Pony- und Kleinpferderassen in Deutschland wie etwa die Falabellas, eine Minipony-Rasse; den Zwerghackney, der zwar von der Größe her zu den Ponys zählen könnte, da er jedoch von der Abstammung her ein reiner, auf geringe Größe selektierter Hackney ist, auch im Zuchtbuch dieser Rasse eingetragen wird; Farbzuchten, die zum größten Teil im Großpferde-Typ gezüchtet und auch in den entsprechenden Zuchtbüchern eingetragen werden wie Pinto Pony-/Kleinpferde-Typ, Lewitzer, Palomino Pony-Typ sowie Huzule, Polo-Pony und andere seltene Rassen.

Camargue-Pferd

Charakteristisch für die Camargue – eine Landschaft des Rhonedeltas – sind ihre Wasserläufe, Sümpfe und Wiesen. Dort ist eine Pferderasse heimisch, von der angenommen wird, dass sie vom eiszeitlichen Solutré-Pferd abstammt. Die extremen landschaftlichen Gegebenheiten der Camargue führten zu einer harten Selektion, bei der nur die anpassungsfähigsten Tiere überleben konnten.

Jeweils 40 bis 50 Pferde werden noch heute halbwild in den „Manaden" – eine Art Reservat – gehalten und von den „Gardians", den Stierhütern, bei Bedarf eingefangen, um bei Festen und spielerischen Wettkämpfen geritten, aber auch zum Hüten der Stiere eingesetzt zu werden. Dazu müssen die Pferde in der Lage sein, sich auf verschiedenem Untergrund – fester Boden/schwankender Boden des Sumpflandes – trittsicher zu bewegen und gegebenenfalls auch flache Seen zu durchschwimmen.

Inzwischen ist das Camargue-Pferd nicht mehr ausschließlich das Pferd der Hirten. Es hat einen sehr guten Charakter und eignet sich als Freizeitpferd unter dem Sattel oder im Gespann. Die Tatsache, dass es sich bei den 135 bis 146 cm großen Camargue-Pferden überwiegend um Schimmel handelt, mag als Hinweis dienen, dass in der Vergangenheit orientalische Hengste wie Berber eingekreuzt wurden.

Rassekennzeichen des Camargue-Pferdes
Herkunft: Rhone-Delta in Südfrankreich.
Größe: 135 bis maximal 148 cm.
Farben: Schimmel.

Linke Seite: Camargue-Pferde, im Rhone-Delta heimisch, sollen vom eiszeitlichen Solutré-Pferd abstammen. Sie werden in großen Herden gehalten, aber auch zur nicht ungefährlichen Arbeit des Stierehütens eingesetzt.

Gebäude:
Kopf: Quadratisch, breite, flache Stirn; Nasenlinie gerade oder leicht konvex; mächtige Ganaschen; kurze, weit auseinander stehende Ohren.
Hals: Gut angesetzt; breit; mittlere Länge.
Körper: Mäßig langer Rücken; kurze, muskulöse Lendenpartie; markierter Widerrist; gut bemuskelte, abfallende Kruppe; tief angesetzter Schweif; steile Schulter; tiefe, breite Brust.
Fundament: Starke Gliedmaßen; ausgeprägte Gelenke; großflächiger Huf.
Bewegungsablauf: Sehr ausdauernd in allen drei Grundgangarten; trittsicher.
Verwendungszweck: Reitpferd für Wander- und Distanzreiter; auch Turniersport, Fahrsport; Voltigieren.
Besondere Merkmale: Spätentwickler; hart, ausdauernd, wendig; lernbegierig; leichtfuttrig.

Connemara-Pony

An der Westküste der irischen Insel – der Provinz Connaught – ist die einzige bodenständige Ponyrasse Irlands beheimatet. Die dort herrschenden harten Lebensbedingungen haben das Connemara-Pony geprägt. Vielfach leben diese Pferde bei jedem Wetter im Freien und auch das Futter wächst nicht reichlich. So müssen sie sich oft nur vom spärlichen Bewuchs der mit Geröll durchsetzten Hänge und dem wenigen Gras im Bereich der Moore ernähren. Das Connemara-Pony ist infolgedessen sehr anspruchslos, von großer Härte und Ausdauer. Während früher spanisches, orientalisches und Vollblut eingekreuzt wurde, legt man nach der Gründung der Connemara Pony Breeders Society im Jahre 1923 das Hauptaugenmerk auf eine Konsolidierung der Rasse von innen heraus, indem jeweils nur die besten Tiere miteinander verpaart wurden. Der Gefahr einer zu großen Inzucht begegnete man durch Einkreuzungen spanischer oder orientalischer Hengste. Wegen der unbefriedigenden Ergebnisse nahm man davon aber wieder Abstand.

Das Connemara-Pony erfreut sich nicht nur in England und dem europäischen Festland, sondern auch in Amerika großer Beliebtheit.

Rassekennzeichen des Connemara-Ponys
Herkunft: Irland, County Mayo in der Provinz Connaught.
Größe: 135 bis 148 cm (leichte Übergrößen zugelassen).
Farben: Schimmel, Falben in allen Variationen, Braune, Rappen, nicht aufhellende Schimmel (sogenannte roans), Füchse und Palominos, keine Schecken.
Gebäude:
Kopf: Mittelgroß, nicht zu lang; freundliches Auge; Ohren mittellang

und nicht zu nahe zusammen; Nase gerade bis leicht konvex.
Hals: Genügend lang, zum Kopf hin verjüngend, leichter Unterhals ist tolerierbar.
Körper: Im langen Rechteck; lange Schulter; Widerrist ausgeprägt, aber nicht herausstechend; gute Sattellage; Oberlinie elastisch modelliert; Kruppe mittellang, leicht abfallend; Schweif nicht zu hoch angesetzt; tiefe Behosung; ovale bis rund-ovale Rippung; breite Brust.
Fundament: Kräftig, korrekt; Röhren mittellang; Gelenke gut ausgeprägt; trocken; Hufe hart und gut geformt.
Bewegungsablauf: Viel Raumgriff im Schritt; taktrein und schwungvoll im Trab, dabei nicht zu flache Knieaktion und keine Aktionsgänge; gutes Galoppiervermögen.
Verwendungszweck: Vielseitiges Pony für Jugendliche und Erwachsene in allen Sparten des Reit- und Fahrsports; sehr sicheres Geländepferd mit besonders guter Veranlagung für den Jagd- und Vielseitigkeitssport.
Besondere Merkmale: Gutartiger Charakter; ruhiges Temperament; viel Nervenstärke; langlebig; ausdauernd.

Das Connemara-Pony eignet sich dank seiner Größe für Jugendliche und Erwachsene in allen Sparten des Reit- und Fahrsports. Es ist nervenstark, robust und absolut geländesicher.

Als Lasttiere transportierten die Dales-Ponys früher Bleierze. Sie haben Kraft und Härte, viel Gangvermögen und sind trittsicher. Daher eignen sie sich für Distanzreiten und Trekking.

Dales-Pony

Das Dales-Pony ist in den Tälern der Flüsse Tyne, Allen, Wear und Tee in Nordengland – dicht vor der schottischen Grenze – beheimatet. Hier wurden diese Ponys vor allem als Lasttiere eingesetzt. Sie trugen die Bleierze von den Bergen zu den Waschplätzen in den Tälern und sie waren wegen ihrer Kraft, Härte, Trittsicherheit und viel Gangvermögen sehr begehrt. Die ausdauernde und raumgreifende Trableistung der Dales ist wohl auf die enge Verwandtschaft zu den alten Galloway-Ponys und den Norfolk Trotters zurückzuführen.

Die beiden Zuchtverbände „Northern Dales Pony Society" und „Dales Pony Improvement Society" bemühen sich in England, den recht kleinen Bestand zu fördern und das Dales-Pony vor dem Aussterben zu bewahren.

Die Tatsache, dass das Dales-Pony ein gängiger Gewichtsträger ist, verhalf ihm zu einem neuen Aufgabenbereich im Pony-Trekking und durch sein ausdauerndes Trabvermögen gewann es in England einen völlig neuen Stellenwert. Man nimmt an, dass die guten Gänge auf den 1851 eingesetzten Welsh Cob-Hengst „Comet" zurückzuführen sind.

Die wenigen Vertreter der Dales-Pony-Rasse in Deutschland stehen ebenfalls für ein gleichermaßen gut geeignetes Reit- und Fahrpony und somit echtes Pony für die gesamte Familie.

Rassekennzeichen des Dales-Ponys
Herkunft: Nordengland, Northumberland.
Größe: Bis maximal 148 cm (größere Ponys werden als Sektion B eingetragen).

Farben: Rappen; Schwarzbraune; Braune; Schimmel; vorzugsweise wenige Abzeichen; ein Stern und/oder eine Schnippe am Kopf; weiße Fesseln nur an den Hinterbeinen.
Gebäude:
Kopf: Elegant; ponyhaft; breite Stirn; klarer, leuchtender Blick; Ohren leicht nach innen geneigt; langer ins Gesicht fallender Schopf aus glattem Haar; Kiefer und Kehle mit klaren, sauberen Linien.
Hals: Kräftig von ausreichender Länge; gut gebogen.
Körper: Gut gelagerte, schräge Schulter mit gut entwickelter Muskulatur; Widerrist nicht zu schwach; relativ kurzer Rücken mit kräftiger Lendenpartie; breite, tiefe Brust; gut getragener, nicht zu hoch angesetzter Schweif mit reichlich glattem, bodenlangen Schweifhaar; seidiges Haar an den Röhrbeinen (Federn); gut entwickelter Kötenbehang.
Fundament: Relativ lange, kräftige Hinterhand; Ober- und Unterschenkel gut entwickelt und sehr muskulös; Sprunggelenke breit, flach und klar; Vorderbeine quadratisch gestellt, kurz und sehr muskulös mit breitem, gut entwickeltem Vorderfußwurzelgelenk; klare Beine, mit sehr guten Gelenken; klar abgesetzte Sehnen; das flache Röhrbein sollte einen Umfang von 20 cm nicht unterschreiten; Fessel leicht geneigt und nicht zu kurz; große, runde, offene Hufe.
Bewegungsablauf: Taktrein; hoch und gerade; energische, raumgreifende Gänge mit hoher Aktion der Vorhand; gute Beugung der Hinterhand für den Vorwärtsschub.
Verwendungszweck: Vielseitiges Fahr- und Reitpony für Kinder und Erwachsene (Gewichtsträger); ideales Familienpony; geeignet für Distanzreiten und Trekking.
Besondere Merkmale: Robustes, gutmütiges und bewegungsfreudiges Pony; aufmerksam; intelligent; fleißig; ausdauernd.

Dartmoor-Pony

In dem Heide- und Moorgebiet von Dartmoor – im Südwesten von England – lebt fast wild seit undenklichen Zeiten das sehr edle Dartmoor-Pony, das den idealen Reittyp verkörpert, aber auch geeignet ist, schwere Lasten über weite Strecken zu tragen. In Deutschland ist das Dartmoor-Pony nicht sehr verbreitet, was vielleicht damit zusammenhängt, dass es ganz besonders verständnisvolle Zuwendung braucht, um die Zugänglichkeit des mitunter kaum Menschen gewohnten Ponys zu erlangen. Ist dies aber mit viel Einfühlungsvermögen gelungen, wird es von den Besitzern über die Maßen ob seines freundlichen und gutartigen Charakters gelobt. Wenn das Pony vom Menschen nichts Böses erfährt, gewinnt dieser auch bald sein Zutrauen.

Die Kreuzung mit kleinen Vollblütern dient in England der Zucht beliebter Turnierponys für größere Kinder.

Das Pony aus dem Dartmoor in England gibt ein gutes Reitpony für größere Kinder und Jugendliche ab. Als Fahrpony wird es wenig verwendet, obwohl es dafür geeignet wäre.

Rassekennzeichen des Dartmoor-Ponys

Herkunft: England; Landschaft Dartmoor nahe Exeter.
Größe: bis 127 cm.
Farben: Vorzugsweise Dunkel- und Schwarzbraune sowie Rappen; Schimmel und Füchse seltener; keine Schecken; kleine weiße Abzeichen an Kopf und Beinen erlaubt.
Gebäude:
Kopf: Klein, edel; breite Stirn; kleine Ohren; großes, freundliches, ausdrucksvolles Auge.
Hals: Genügend gewölbt; gut angesetzt.
Körper: Gute, schräge Schulter; nicht zu fein am Widerrist; gute Sattellage; ausreichend bemuskelter Rücken und Kruppe mittlerer Länge; gute Brusttiefe und -breite; gut angesetzter Schweif.
Fundament: Trocken; kräftige, starke Gelenke und stabile Röhren; genügend Ellbogenfreiheit; nicht zu lange Fesseln, harte Hufe.
Bewegungsablauf: Raumgreifend ohne übertriebene Hinterhandaktion; flach und gerade aus der Schulter kommend.
Verwendungszweck: Reitpony für größere Kinder und Jugendliche; als Fahrpony geeignet, aber weniger verwendet; kleines Jagd- und Vielseitigkeitspferd; besondere Eignung für behinderte Kinder.
Besondere Merkmale: Hart, robust, ausdauernd; wird auf guten Charakter gezüchtet.

Deutsches Reitpony

Unter der Bezeichnung Deutsches Reitpony werden Kreuzungsprodukte verschiedener Rassen verstanden. Es handelt sich nicht um Ponys im ursprünglichen Sinn.

Während in England schon lange mit Erfolg ein Riding Pony auf der Grundlage von reinen bodenständigen Heideponys und der Kreuzung englischen Vollbluts gezüchtet wurde, waren in Deutschland westfälische Züchter etwa ab 1975 bahnbrechend, ein Kinder- und Jugendreitpferd für den Turniersport herauszubringen. Dazu kreuzte man beispielsweise Dülmener Wildbahnponys mit Arabern, aber auch britische Ponyrassen – vor allem Welsh-Ponys – kamen zum Zuchtein-

Beim Deutschen Reitpony handelt es sich nicht um ein Pony im ursprünglichen Sinn. Es entstand aus Kreuzungen von Arabern, Anglo-Araber, Vollblut und teilweise auch Warmblutpferden.

satz. Angestrebt werden ein Stockmaß um 140 cm, ein guter Charakter, ansprechendes Exterieur und gutes Gangvermögen mit solidem Fundament. Das Deutsche Reitpony soll nicht zu fein, nicht zu nervig, insgesamt problemlos und umgänglich sein, bei weitgehender Erhaltung des Ponytyps.

Heute darf man sagen, dass es den deutschen Züchtern in einer für die Pferdezucht kurzen Zeit gelungen ist, mit Fleiß und Umsicht ein Sportpferd im Kleinformat zu züchten, das alle Anforderungen des Pferdesports erfüllt.

Rassekennzeichen des Deutschen Reitponys
Herkunft: Kreuzungszucht aus vorwiegend englischen Ponyrassen sowie Araber, Anglo-Araber, Vollblut, zum Teil Warmblut.
Größe: Etwa 138 bis 148 cm (G-Pony).
Farben: Alle.
Gebäude:
Kopf: Klein, trocken, edel; genügend Ganaschenfreiheit; lebhaftes, freundliches Auge; Ohren nicht zu groß; Nüstern groß und weit.
Hals: Lang, breit, gut aufgesetzt, zum Genick verjüngend.
Körper: Mehr als andere Rassen im Reitpferdetyp: langer Hals; hoher, langer Widerrist; längere Kruppe, leicht geneigt mit nicht zu hoch angesetztem Schweif; geringe Rumpftiefe.
Fundament: Trocken, korrekt; feste, mittelgroße Hufe.
Bewegungsablauf: Korrekt, raumgreifend, taktmäßig, elastisch, keine übertriebene Knieaktion; ausgeprägter Schub aus der Hinterhand.
Verwendungszweck: Reit- und Turnierpony für Kinder; elegantes Fahrpony.
Besondere Merkmale: Anspruchslos; gutartiger Charakter; willig, leistungsbereit, mutig, ausgeglichenes Temperament.

Dülmener

Im Jahre 1316 wurden erstmals in einer Chronik im Zusammenhang mit den Bestands-, Jagd- und Fischereirechten der Herren Johannes de Lette und Hermann de Merfeld die wilden Pferde von Merfeld erwähnt.

Im Merfelder Bruch, in der Nähe von Dülmen in Westfalen leben auf einem etwa 300 Hektar großen, eingezäunten Areal die „Wildpferde" des Herzogs von Croy. Dabei handelt es sich allerdings nicht um echte Wildpferde, denn seit sie zu den Ländereien des Herzogs von Merfeld gehören, also von Anfang an, wurden sie als Nutz- und jagbare Tiere gehalten. Während der vergangenen 100 Jahre wurde der Hengstbestand durch Exmoor- und Welsh-Ponys der Sektionen A und B sowie vor allem durch Koniks aus Polen ergänzt.

Aber die Dülmener-Ponys leben „wild", das heißt, sie müssen

außer im strengen Winter, wenn ihnen als Zufutter Heu bereitgestellt wird, ihre Nahrung selbst suchen. Die Stuten bringen ihre Fohlen allein zur Welt, einen Tierarzt oder Unterstand gibt es im Merfelder Bruch nicht.

Die besten Dülmener Hengste verbleiben in der Herde und alljährlich kommen während einer volksfestartigen Veranstaltung die eingefangenen Junghengste zum Verkauf. Nur die innerhalb des Areals im Merfelder Bruch lebenden Tiere werden „Dülmener Wildpferde" genannt, alle Nachkommen der außerhalb lebenden nur „Dülmener". Während sich früher hauptsächlich die Landwirtschaft mit Dülmener Ponys versorgte, liegt heute das Interesse mehr auf ihren Qualitäten für den Reitsport.

„Dülmener Wildpferde" und deren außerhalb des Merfelder Bruchs lebenden Nachkommen, nur „Dülmener" genannt, zeigen meist falbfarbenes Fell in verschiedenen Variationen.

Rassekennzeichen des Dülmener-Ponys
Herkunft: Deutschland, Merfelder Bruch bei Dülmen.
Größe: 125 bis 135 cm.
Farben: Falben in allen Variationen; alle mit Wildzeichnung wie Aalstrich und Zebrastreifung an den Beinen; weiße Abzeichen nicht erwünscht.
Gebäude:
Kopf: Mittelgroß; ausdrucksvoll; breite Stirn; gerader bis leicht konkaver Nasenrücken; großes, intelligentes Auge; kleine Ohren.

Hals: Genügend lang; leicht gewölbt; gut aufgesetzt; Unterhals wird toleriert.
Körper: Mäßig ausgebildeter Widerrist; schräge Schulter; elastischer, gut bemuskelter Rücken; oft leicht abschüssige Kruppe; breite Brust; gute Rippenwölbung und Gurtentiefe; Rechteckformat.
Fundament: Trockene, markante Gelenke; stabile Röhren; nicht zu lang gefesselt; gut geformte, kleine, harte Hufe; Hinterhand gut gewinkelt; muskulös.
Bewegungsablauf: Taktrein; raumgreifend; elastisch, nicht zu flach; energischer Schub aus der Hinterhand.
Verwendungszweck: Vielseitiges Familienpferd; gut geeignet als Kutsch-, Reit- und Distanzpferd.
Besondere Merkmale: Gutmütig; ausgeglichen; lernfreudig; hart, robust, ausdauernd, sehr guter Futterverwerter; langlebig.

Exmoor-Pony

Die Heimat des urigen Exmoor-Ponys ist das Ödland Exmoor in der im Südwesten Englands liegenden Grafschaft Sommerset. Das Exmoor-Pony soll als einziges Pferd in seinem Aussehen den eiszeitlichen Urtyp verkörpern. Da es frei von äußeren Einflüssen ist, konnte es sein einmaliges Erbgut erhalten. Als jagbares Wild war das Exmoor-Pony im Verlauf der Jahrhunderte mehrfach bedroht, auch der Verkauf des Exmoorgebietes an Privatleute gefährdete seine Existenz. Durch den Erwerb der besten Zuchtponys konnte der zuständige Betreuer des Gebietes ein einmaliges Kulturgut retten. Die im Jahre 1921 gegründete Exmoor Pony Society gewährleistet, dass kein Fremdblut zugeführt wird. Mit der halbwilden Haltung lässt sich wohl auch die Härte und Genügsamkeit der Exmoors erklären. Die eingefangenen Tiere sind nach ihrer Ausbildung ausdauernde und gutartige Reit- und Fahrponys. Bei den großen Antarktisexpeditionen setzte man Exmoor-Ponys als Gespannpferde ein.

Die Absatzfohlen werden alljährlich Ende Oktober auf dem Markt in Bampton nahe des Exmoors verkauft.

Rassekennzeichen des Exmoor-Ponys
Herkunft: England, Exmoor, Somerset.
Größe: Hengste/Wallache ausgewachsen nicht über 129,5 cm; Stuten ausgewachsen nicht über 127 cm.
Farben: Dunkelfalben; Hellbraune, Braune oder Graubraune mit schwarzen Flecken; mehlfarbene Aufhellung um Maul, Augen und an den Schenkelinnenseiten; keine weißen Abzeichen.
Gebäude:
Kopf: Ohren kurz, dick und spitz; Gesicht sauber geschnitten; Stirn breit; Augen groß; weit auseinander liegend, vorspringend; weite Nüstern; gute Ganaschen.
Hals: Kurz und kräftig.

Exmoor-Ponys sind unempfindliche und sehr ursprüngliche Pferde.

Körper: Schulter klar, gut entwickelt, zurückgesetzt; Brust tief, breit; Rippen lang, tief, gebogen und weit auseinander liegend; Rücken gerade, mit starken Lenden und runder Kruppe.
Fundament: Beine sauber, kurz; Vorderbeine gerade, deutlich voneinander getrennt und gut angesetzt; Hinterbeine weit auseinander stehend, wobei der Beckenknochen fast senkrecht über dem Sprunggelenk steht; Bogen von der Flanke zum Sprunggelenk weit.
Bewegungsablauf: Beine in der Bewegung frei, ohne Tendenz auf dem Boden zu schleifen oder sich zu drehen; Gang gerade, weich, ohne übertriebene Bewegungen.
Verwendungszweck: Kinderpony mit guter Springanlage.
Besondere Merkmale: Robust; widerstandsfähig; kraftvoll.

Fell-Pony

Das Fell-Pony hat seinen Namen von den Fells, den Bergen seiner Heimat im äußersten Nordwesten Englands kurz vor der schottischen Grenze und im Westen durch die Irische See begrenzt. Die harten und abgelegenen Fells Cumbrias begünstigte die Konsolidierung der robusten Ponys, die über Jahrhunderte bei Farmern und Schafhirten beliebt waren.

Große Bedeutung erlangte das Fell-Pony Anfang des 19. Jahrhunderts mit der beginnenden Industrialisierung als Pack- und Grubenpony.

In England hat das vielseitige Familienpony einen großen Freundes-

Das Fell-Pony aus Nordengland ist ein vielseitiges Reit- und Fahrpony für Erwachsene und Kinder. Es hat einen energischen, raumgreifenden Schritt und viel Gang. Auch für das therapeutische Reiten eignet es sich.

kreis gefunden, auch in Deutschland konnte das Pony in einigen Zuchtstätten Fuß fassen.

Rassekennzeichen des Fell-Ponys
Herkunft: Nordengland (Cumbria, Northumberland, Lancashire)
Größe: Bis maximal 142 cm.
Farben: Rappen, Schwarzbraune, Braune und Schimmel, vorzugsweise ohne Abzeichen, erlaubt sind ein Stern und weiß am Kronrand, keine Füchse oder Schecken.
Gebäude:
Kopf: Klein, gut aufgesetzt mit klaren Umrissen und breiter Stirn; große weite Nüstern; strahlendes, sanftes und intelligentes Auge; kleine, gute geformte Ohren; Ganaschen und Kehle edel geformt.
Hals: Von proportionierter Länge, bei Hengsten mit moderatem Kamm.
Körper: Gute, schräge Schulter, nicht zu fein am Widerrist und nicht zu schwer am Buggelenk angesetzt; Schulterblatt lang mit gut entwickelter Muskulatur, langer kräftiger Rücken, muskulöse Lenden; tiefer Rumpf, rundrippig; Hinterhand quadratisch, kräftig mit gut angesetztem Schweif.
Fundament: Sehr kräftig; runde, offene Hufe von besonderer Härte, aus charakteristisch „blauem" Horn; schräge, nicht zu lange Fessel, Vorderbein kräftig und gerade, gut geformtes großes Vorderfußwur-

zelgelenk; kurze Röhre (Umfang nicht unter 20 cm); Hinterbein mit gut geformtem Schenkel, Sprunggelenk klar geschnitten, weder kuhhessig noch fassbeinig.
Bewegungsablauf: Energischer raumgreifender Schritt, Trab ausbalanciert mit guter „Aktion", gut untergesetzt, viel Gang.
Verwendungszweck: Vielseitiges Reit- und Fahrpony für Erwachsene und Kinder, geeignet für das therapeutische Reiten und den Einsatz in der Landwirtschaft.
Besondere Merkmale: Die Beine tragen einen üppigen Kötenbehang, der im Sommer teilweise abgeworfen wird; raues Haar unerwünscht; gute Ausdauer, robust; leichtfuttrig; sehr gute Konstitution; lebhaft und aktiv.

Fjordpferd (Norweger)

Wenngleich die Herkunft des Fjordponys nicht gesichert ist, nimmt man eine enge Verwandtschaft zum Przewalski-Wildpferd an, mit dem eine gewisse Ähnlichkeit – vor allem des Kopfes – nicht zu verleugnen ist. In seiner norwegischen Heimat wird das Fjordpferd Westlandpferd genannt und es gehört wohl zu den ältesten Pferderassen Europas.

Um die Mitte des vorigen Jahrhunderts versuchte man durch Einkreuzung schwerer und derberer sogenannter Ostlandpferde das Fjordpferd zu verändern, was aber völlig misslang. Wie so oft in züchterischen Belangen vertraten einige Züchter energisch den Gedanken der Reinzucht. Durch strenge Selektionsmaßnahmen und verbesserte Aufzuchtbedingungen kamen sie zielstrebig und erfolgreich voran in ihren Zuchtbemühungen, das Fjordpferd zu verbessern. 1910 erschien die erste Stammbuchveröffentlichung der bis dahin geborenen Fjordhengste. Die gesamte heutige Fjordpferdzucht basiert in den Vatertieren auf drei Nachkommen des Hengstes Njal 166 (Bergfast 365, geb. 1912; Hakon Jarl 645, geb. 1913; Öyarblakken 819, geb. 1923).

Nach dem zweiten Weltkrieg setzte eine große Verbreitung des „Norwegers" in Nord- und Westdeutschland ein, der als robustes, genügsames Pferd von landwirtschaftlichen Kleinbetrieben geschätzt wurde. Nachdem die Motorisierung das Fjordpferd vom Ackerbau verdrängt hatte, setzten Versuche zur Umzüchtung zum Reitpferd ein, was teilweise sehr gut gelang und zwar durch Selektion auf elegante, leichte Typen. Anpaarungen mit Arabern oder englischem Vollblut erwiesen sich als nicht so erfolgreich.

Zwar haben andere auf den Markt gekommene, schnittigere Ponyrassen auch dem Fjordpferd das Feld streitig gemacht, jedoch wird es dank seiner Anspruchslosigkeit in der Haltung, seines gutartigen und treuen Temperaments immer seine Liebhaber finden.

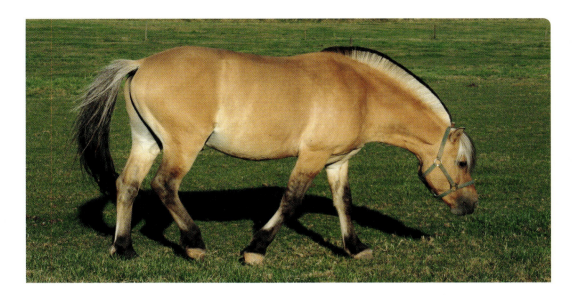

Das Fjordpferd wird dank seiner Anspruchslosigkeit in der Haltung und seines gutartigen, treuen Temperaments immer seine Anhänger haben.

Rassekennzeichen des Fjordpferdes
Herkunft: Norwegen.
Größe: 138 bis 148 cm.
Farben: Weißfalb, Braunfalb; Gelbfalb; Rotfalb; Graufalb; Wildzeichnung.
Gebäude:
Kopf: Breitflächige Stirn; gerader bis leicht konkaver Nasenrücken; ausdrucksvolle freiliegende Augen; weiter Stand der kleinen Ohren.
Hals: Gut aufgesetzt, zum Kopf hin verjüngend, Ganaschenfreiheit.
Körper: Großlinig; Rechteckformat, große Schulter; gute Sattellage; elastischer Rücken mit guter Verbindung.
Fundament: Trocken, korrekt, mit ausgeprägten, starken Gelenken; harte Hufe in passender Größe.
Bewegungsablauf: Raumgreifend; energische, taktreine Grundgangarten mit Antritt und Schub aus der Hinterhand.
Verwendungszweck: Reit-, Wagen- und Familienpferd; Breitensport, Distanzreiten und Fahrsport.
Besondere Merkmale: Robust, anspruchslos, ausgeglichen, gelehrig; leistungsstark und langlebig.

Haflinger

Der Haflinger ist in der Südtiroler Bergwelt, im Raum zwischen Bozen und Meran beheimatet. Seinen Namen erhielt er nach dem Dorf Hafling, wo lange Zeit Hengststation und eine Stutenherde unterhalten wurden, heute aber nur noch eine Reitschule besteht.

Als trittsicheres Tragpferd war der Haflinger für das Gebirge wie geschaffen. Auch Lasten auf beschwerlichen Wegen zu befördern, bereitete dem ausdauernden und kräftigen Bergpferd keinerlei Schwierigkeiten. Zum Bearbeiten der bergigen Felder bot sich der Haflinger geradezu an. Entstanden ist er aus einem Landschlag, gekreuzt mit Norikern und Arabern.

Der Haflinger ist ein tiefes, gut geripptes, formschönes Gebirgspferd mit guten, trockenen Gelenken. Als ursprüngliches Tragtier geht er aber auch ebenso gut im Geschirr und unter dem Reiter. 1935/36 begann man in Bayern Haflinger zu züchten, um den Berg- und Almbauern ein zähes, kleines Bergpferd an die Hand zu geben. Während des zweiten Weltkrieges dienten Haflinger Pferde als Lastentiere und auch als Reitpferde für die Gebirgsjäger.

Der erbgesunde und fruchtbare Haflinger ist heute über die ganze Welt verbreitet wegen seines gutartigen Temperaments, seiner gesunden Konstitution und nicht zuletzt wegen seiner ansprechenden Fuchsfarbe mit der hellen Mähne. Mit der Motorisierung wurde auch der Haflinger weitgehend seiner eigentlichen Aufgabe beraubt, wenngleich er auch heute noch als Wirtschaftspferd in mit Maschinen schlecht zu bearbeitenden Gegenden genutzt wird.

Die vorgenommenen Kreuzungen Haflinger × Araber erbrachten den sogenannte Arabo-Haflinger, ein hübsches und beliebtes Gebrauchspferd mit guten Reitpferdeeigenschaften vor allem für den fortgeschrittenen Reiter.

In der Südtiroler Bergwelt war der Haflinger als trittsicheres Tragpferd wie geschaffen. Er geht gut im Geschirr und unter dem Reiter.

Rassekennzeichen des Haflingers
Herkunft: Südtirol.
Größe: 138 bis 148 cm.
Farben: Fuchs; helles Langhaar; Abzeichen am Kopf zulässig; Abzeichen an den Beinen und Stichelhaar unerwünscht.
Gebäude:
Kopf: Kurz, trocken; breite Stirn; leicht konkave Provillinie; Ganaschen genügend weit; großes, klares Auge.
Hals: Genügend langer Hals; leicht im Genick.
Körper: Rechteckformat; gut ausgeprägter Widerrist; längsovale Rippung; lange, breite, gut bemuskelte, leicht abgezogene Kruppenpartie.
Fundament: Trocken, korrekt; harte, nicht zu flache Hufe.
Bewegungsablauf: Korrekte, raumgreifende Gänge mit gutem Schub aus der Hinterhand.
Verwendungszweck: Vielseitig und geeignet für Erwachsene und Kinder, Reiten: Turnier, Dressur, Springen, Western und Fahren, auch Wagen- und Wirtschaftspferd.
Besondere Merkmale: Edel, genügsam, gutmütig, leistungsbereit.

Highland-Pony

Das größte und stärkste der Berg- und Moorland-Ponys Großbritanniens wird auch Scottish Highland Pony genannt. Beheimatet ist es in den Highlands und Inseln der Westküste Schottlands. Auch wenn sich seine Abstammung im Dunkeln der Geschichte verliert, so handelt es sich ohne Zweifel um eine Jahrhunderte alte Rasse. Die Einkreuzung von arabischem Blut hat einen prägenden Einfluss hinterlassen, ohne jedoch den ursprünglichen Charakter der Ponys zu verändern.

Für die Hochlandbauern und Gutsbesitzer erfüllte das Pony alle Anforderungen als Arbeits-, Pack- und Reitpferd. Das für alle Altersgruppen geeignete Highland findet seit 1952 im schottischen Hochland Einsatz als Trekking-Pony. 1991 kamen die ersten Highlands nach Deutschland.

Rassekennzeichen des Highland-Ponys
Herkunft: Schottland.
Alle im Ausland gezogenen Ponys müssen auf das Mutterstutbuch zurückzuführen sein, ein Aufsteigen aus Zuchtbuchabteilungen ist nur unter der oben genannten Bedingung möglich.
Größe: 132 bis 148 cm.
Farben: Falbfarben wie grau, mausgrau, gelb oder creme; Schimmel; Schwarz-braune; gelegentlich Braune und Dunkelfüchse mit silbrigem Langhaar; häufig Aalstrich und Zebra-Markierungen an den Vorderbeinen; Rotschimmel und Füchse können vorkommen; Schecken nicht erlaubt; abgesehen von einem kleinen Stern weiße Abzeichen

Highland-Pony

unerwünscht; Hengste mit darüber hinausgehenden Abzeichen nicht eintragungsfähig.

Gebäude:
Kopf: Stolz; gut getragen; tiefe Ganaschen; aufmerksames, freundliches Auge; breites Maul.
Hals: Vom Widerrist ausgehend angemessen lang; gut bemuskelte Oberlinie; kein Speckhals.
Körper: Gut ausbalanciert; kompakt; ausgeprägter Widerrist; gut angeschrägte Schulter; tiefe Brust; gut gewölbte Rippen.
Fundament: Kräftig; trockene Knochen; kurzes Röhrbein; gut entwickelte kräftige Hinterhand; kräftiges Karpalgelenk; trockenes, starkes Sprunggelenk; nicht zu kurz gefesselt;
gut geformte, breite, dunkle Hufe; weicher seidiger Kötenbehang.
Bewegungsablauf: Gerade, freie Bewegungen ohne übermäßige Aktion.
Verwendungszweck: Neben dem Reiten, Fahren und Lastentragen kann das Highland auch für alle übrigen Disziplinen eingesetzt werden.
Besondere Merkmale: Starkes, freundliches Robustpony; ausgeglichenes Temperament; Mähne und Schweif natürlich, füllig fallend.

Das Scottish Highland-Pony ist das größte und stärkste der Berg- und Moorlandpony Großbritanniens. Mit seinem ausgeglichenen Temperament wird es beim Reiten, Fahren und allen übrigen Disziplinen eingesetzt.

Isländer im Rennpass. Diese Gangart und eine weitere, der Tölt, sind Besonderheiten und entscheidende Selektionsmerkmale bei dieser Pferderasse.

Islandpferd

Ende des 9. Jahrhunderts begann die Besiedelung Islands durch die Wikinger. Die siedelnden Bauern aus Norwegen und Schottland brachten auf ihren Drachenbooten ihre kelto-germanischen Ponys mit, die fortan auf der kargen, kalten Insel mit ihrer feindlichen Umwelt leben mussten. Die Pferde dienten hauptsächlich als Lastenträger, aber auch als Fleischlieferanten.

Seit 800 Jahren züchtet man auf Island das Islandpony rein, das heißt es wurde in der ganzen Zeit kein fremdes Blut zugeführt, denn für andere Pferderassen besteht generell Einfuhrverbot. Darüber hinaus haben Futterknappheit und besonders ungünstige klimatische Verhältnisse so auf die Zucht eingewirkt, dass nur die härtesten Tiere eine Überlebenschance hatten. Der größte Teil der Isländer lebt auch heute selbst in sehr strengen Wintermonaten im Freien.

Bei der Beurteilung des Islandpferdes sollten nur Maßstäbe gelten, die der Urwüchsigkeit des Naturpferdes gerecht werden. Die Leistung ist höher zu bewerten als die Forderung nach einem absolut edlen Erscheinungsbild. Gerade der relativ schwere Kopf und die sonst typischen Ponymerkmale mögen nicht in jedem Beschauer die Vorstellung eines Idealbildes – verglichen mit manch edlen Großpferden – erwecken.

Das Islandpony ist wie andere ursprünglichen Rassen auch ein spätreifes Tier und vor dem vierten Lebensjahr darf es zu keinerlei Arbeit herangezogen werden.

In Deutschland und anderen westeuropäischen Ländern erfuhr das Islandpony in den letzten Jahren eine starke Verbreitung. Reiter und Züchter haben sich bundesweit und darüber hinaus auch auf westeuropäischer Ebene zusammengeschlossen, um den Sport auf diesen anspruchslosen und überragend harten Pferden, deren Widerstandsfähigkeit immer wieder gelobt wird, besonders zu pflegen.

Rassekennzeichen des Isländers
Herkunft: Island. Reinzucht liegt vor, wenn sowohl die Vaterlinie als auch die Mutterlinie unmittelbar bis in das Mutterland Island zurückverfolgt werden können.
Größe: Etwa 125 bis 145 cm.
Farben: Alle Farben, alle Abzeichen, keine Tigerschecken.
Gebäude:
Kopf: Rassetypisch, passend zur Größe des Pferdes; waches, ausdrucksvolles Auge; korrektes, gesundes Gebiss.
Hals: Genügend lang; gut aufgesetzt; natürliche Aufrichtung.
Körper: Das Gebäude muss harmonisch sein und dem Verwendungszweck eines Gangpferdes (Fünfgangpferd: Schritt, Trab, Galopp, Tölt, Pass) entsprechen.
Fundament: Trockene, starke Gelenke; rassetypisch; Abweichungen in gewissem Maß sollen toleriert werden. Der Huf muss zur Größe und zum Typ des Pferdes passen.
Bewegungsablauf: Jungpferde an der Hand: erwünscht sind alle Gänge; energisch, raumgreifend, mit Schwerpunkt Tölt.
Unter dem Reiter: es muss leicht zu reitender, fließender Tölt gezeigt werden. Entscheidende Selektionsmerkmale sind Tölt beziehungsweise Rennpass.
Verwendungszweck: Reitpferd, Familienpferd.
Besondere Merkmale: Starkes, robustes, williges und ausdauerndes Pferd mit gutmütigem Charakter, Charme und leistungsbereitem Temperament.

Konik

Koniks, was übersetzt Pferdchen heißt, waren ehemals in Osteuropa weit verbreitet; bis zum Ende des 18. Jahrhundert sah man sie noch als jagdbares Wild an. Eingefangene, gezähmte und durch arabisches Blut veredelte Koniks lieferten schon im Mittelalter zähe, genügsame und schnelle Gebrauchspferde. Zudem boten sie den eigentlichen züchterischen Grundpfeiler für die heutigen russischen und polnischen Reitpferde.

Um die in großen Wildparks und Waldgebieten sich selbst überlassenen Koniks vor dem Aussterben zu bewahren, schufen polnische Zoologen Reservate. Im 1936 eingerichteten Reservat von Bialowieżà konnte sich die Rasse in einer geeigneten Umwelt regenerieren. Unter

Koniks gehen zurück auf den Tarpan, der als Ahnherr fast aller heute noch lebenden, osteuropäischen Ponyrassen gilt. Als ideales Freizeitpferd zum Reiten und Fahren, mit gutem Charakter und ausgeglichenem Temperament ist der Konik auch für größere Kinder geeignet.

wissenschaftlicher Kontrolle werden Koniks in Popielno am Spiridingsee in Masuren rein gezüchtet.

Rassekennzeichen des Koniks
Herkunft: Wälder Osteuropas; zurückgehend auf den Tarpan, der als Ahnherr fast aller heute noch lebenden, osteuropäischen Ponyrassen gilt. Der Tarpan ist kein Nachfahre des europäisch-asiatischen Urwildpferdes, sondern das Ergebnis verschiedener Versuche, das Urwildpferd rückzukreuzen.
Größe: 130 bis 145 cm.
Farben: Graufalbe mit Abweichungen in Brauntöne; Färbung von Jungtieren und Winterfell heller; Aalstrich, Vorderbeinstreifen und Schulterkreuz sind typisch; Mähne meliert bis dunkel; Kopf meist dunkler als der Körper; Abzeichen sind nicht erwünscht.
Gebäude:
Kopf: Trocken; Stirn breit.
Hals: Muskulös; Mähne voll fallend.
Körper: Schräg angesetzte Schulter; gut ausgebildeter Widerrist; tiefer Schweifansatz.
Fundament: Kräftig aber nicht plump; Gelenke kräftig; Beinstellung korrekt; Hufe hart, klein.
Bewegungsablauf: Elastisch, flüssig; Schrittlänge genügend lang; guter Schub aus der Hinterhand.
Verwendungszweck: Ideales Freizeitpferd zum Reiten und Fahren; besonders auch für Kinder geeignet; Einsatz zur Landschaftspflege

in Form einer Wildbahn – eines sich selbst überlassenen Landschaftsgebietes – möglich.
Besondere Merkmale: Guter Charakter; ausgeglichenes Temperament; ausdauernd; anspruchslos in der Haltung.

Mérens-Pony

Wie auf Höhlenzeichnungen im Ariège zu sehen ist, haben die kleinen Mérens-Pferdchen eine lange Geschichte. Das Dorf Mérens in den Pyrenäen gab den Ponys, die eigentlich „Poney Ariègois de Mérens" bezeichnet werden, ihren Namen. Schon Julius Caesar soll das Mérens-Pony geschätzt haben.

Das robuste Arbeitspferd der Gebirgsbauern hat sich in seiner Abgeschiedenheit die guten Eigenschaften Gesundheit, Ausdauer, Zuverlässigkeit und Gutmütigkeit erhalten. Von Mai bis Oktober leben die Mérens auf den Hochgebirgsweiden. Im Herbst werden die Tiere ins Tal getrieben, die Junghengste abgesetzt und mit zum Verkauf stehenden Mérens auf den Ernst des Lebens vorbereitet. In Deutschland wurden Mérens-Pferde speziell im Fahrsport bekannt.

Rassekennzeichen des Mérens-Ponys
Herkunft: Frankreich (Pyrenäen)
Größe: 135 bis 147 cm (Hengst maximal 147 cm, Stuten maximal 145 cm).
Farben: Rappen, Flanken leicht rötlich; unerwünscht sind weiße Abzeichen an den Beinen, größere weißere Abzeichen am Kopf.

Die kleinen Mérens-Pferde haben eine lange Geschichte. Sie sind unkompliziert, intelligent, gutmütig und vielseitige Reit- und Fahrponys für Erwachsene und Kinder.

Gebäude:
Kopf: Kurz, leicht, edel, ausdrucksvoll mit lebhaftem ruhigem Auge; kurze Ohren; flache, breite Stirn; gerade oder konkave Nasenpartie; Ramskopf unerwünscht.
Hals: Mittellang, gut angesetzt, leichtes Genick; starke, häufig gelockte Mähne.
Körper: Mittellange, schräge Schulter; breite Brust; langer, breiter, muskulöser Rücken mit runder gut bemuskelter Kruppe; genügend ausgeprägter Widerrist.
Fundament: Trockenes und starkes Fundament; breite Hufe mit schwarzem, hartem Horn.
Bewegungsablauf: Trittsicher; energische, raumgreifende, aber eher flache Grundgangarten mit Antritt und Schub aus der Hinterhand.
Verwendungszweck: Vielseitiges Reit- und Fahrpony für Erwachsene und Kinder; die Stuten eignen sich besonders auch zur Milchproduktion.
Besondere Merkmale: Unkompliziertes, intelligentes, gutmütiges, robustes und ausdauerndes Pony.

New-Forest-Pony

Im New Forest, einem Waldgebiet unweit von London wird im Sommer und im Winter völlig frei ein Pony gehalten, das wie das Exmoor-Pony sehr ursprünglich geblieben ist. Staatlich zugelassene Hengste bewegen sich frei in der Herde und sorgen für die Fortpflanzung und das Weiterbestehen der Rasse.

Außer dass die New-Forest-Ponys von den alten, schon in vorgeschichtlicher Zeit in England lebenden Ponys abstammen, weiß man wenig über ihren Ursprung.

Zur Rassebildung haben auch Orientalen und Vollblüter beigetragen. Königin Victoria stellte von 1852 bis 1860 ihren Araber-Schimmel-Hengst *Zorah* als Leihgabe zur Verfügung. Später kamen Ponyhengste verwandter Rassen wie Welsh, Dartmoor, Exmoor und andere zum Einsatz. Dank der Zuchtbemühungen eines 1891 eingesetzten Fördervereins hat sich im Laufe der Zeit ein recht homogenes Reitpony herauskristallisiert. Das beweisen die nunmehr seit 1906 jährlichen Stuten- und Nachzuchtschauen, die auch mit Reit- und Fahrdarbietungen verbunden sind. Seit 1938 wird zusätzlich eine Hengstschau veranstaltet und reges Interesse findet eine Frühjahrsschau für Stuten, die das ganze Jahr über ohne Stall und Beifutter im Forest leben.

Rassekennzeichen des New-Forest-Ponys
Herkunft: Seine Urheimat ist der New Forest in der Grafschaft Hampshire im Südwesten Englands.
Größe: Zwischen 122 und 148 cm Stockmaß.

Farben: Meist braun in verschiedenen Schattierungen, aber auch Schimmel, Rappen und Füchse.
Gebäude:
Kopf: Häufig arabisch beeinflusst, relativ lange Ohren.
Hals: Relativ kurz.
Körper: Schulterlage oft recht steil; hoher Widerrist. Ziemlich langer, doch kräftiger Rücken. Kruppe nicht selten abgeschlagen, kurz. Schmale Hinterhand, große Brusttiefe. Gesunde, gut markierte Extremitäten mit oft recht unregelmäßiger Stellung.
Gangwerk: Schritt und Trab ausreichend. Gutes Galoppier- und Springvermögen. Trittsicherheit, hohe Aktion der Vorhand und die aktive Hinterhand bilden die Voraussetzungen für sicheres Überwinden von Hindernissen.
Verwendungszweck: Reitpony für jugendliche Anfänger und Fortgeschrittene.
Besondere Merkmale: Ruhiges Temperament und guter Charakter.

Das New-Forest-Pony wird im gleich genannten Waldgebiet in der Nähe von London völlig frei gehalten. Es hat ein ruhiges Temperament und einen guten Charakter. Dieses Pony eignet sich für jugendliche Anfänger und Fortgeschrittene.

Shetland-Pony

Steinzeitliche Höhlenzeichnungen von kleinen, den heutigen Shetland-Ponys ähnelnden Pferden, legen die Vermutung nahe, dass es sich bei dieser Zwergform um eine sehr alte Rasse handelt, die früher in Nordeuropa weit verbreitet gewesen sein muss. Es ist nicht überliefert, wie die kleinen Pferde einst auf die Inselgruppe nordöstlich von

Junge Reiterin mit ihrem Shetland-Pony. Stolz zeigen sich die beiden „Youngsters" nach einem erfolgreichen Reitturnier. Shetties sind genügsam, robust und können sehr alt werden.

Schottland gelangten. Auch ist nicht gesichert, ob sie bereits als Zwergform die Shetlandinseln besiedelten oder aber erst im Kampf ums Überleben allmählich zur Zwergenform wurden.

Die Bewohner der Shetlandinseln sind hauptsächlich Fischer; Ackerbau wird nur an wenigen Küstenstrichen betrieben. Auf sehr kargem, schroffem Hügelgelände züchten die Shetländer neben Ponys Rinder und Schafe.

Bis in die Mitte des vorigen Jahrhunderts dienten die Shetlandponys ausschließlich den Bewohnern der Inseln als Arbeits- oder Zugtiere. Doch dann erwies sich das kleine Pony auch in den Kohlebergwerken als sehr nützlich. Das sprach sich bald herum und man war am Kauf der kleinen, kräftigen und harten Ponys sehr interessiert. Um die große Nachfrage zu befriedigen, gelangten auch gute Zuchttiere zum Verkauf.

Lord Londonderry ist es zu verdanken, dass die Shetlandponyzucht nicht zum Erliegen kam. Mit den wertvollsten Hengsten und Stuten begründete er im Jahre 1879 auf den Shetlandinseln Bressay und Noss ein Gestüt und noch heute sind die besten Shetlandponys auf diese Begründertiere zurückzuführen.

1890 wurde die „Shetland Pony Studbook Society" mit der Zielsetzung gegründet, die Reinzucht zu sichern und zu erhalten. Es gibt Shetland-Ponys heute in allen europäischen und außereuropäischen Ländern. Neben den Shetlandinseln werden sie auch auf den Orkney-Inseln gezüchtet.

In seiner Heimat lebt das Shetlandpony ausschließlich im Freien, wo es sich unter kärglichsten Bedingungen sein Futter sucht. In der Regel fohlt eine Stute alle zwei Jahre und das Fohlen kommt natürlich im Freien zur Welt. Ohne besondere Pflege läuft es mit der Mutter und der Herde mit und wächst heran. Eine dicke Haarwolle schützt das Fohlen gegen jegliche Unbill des Wetters, das im Sommer mild und feucht, im Winter nass, neblig und stürmisch, jedoch meist ohne anhaltenden Schnee ist. Shetlandponys sind Robustpferde im wahrsten Sinne des Wortes. Ihre Genügsamkeit und Anspruchslosigkeit ermöglicht auch dem Pferdeliebhaber mit einer schmaleren Geldbörse ihre Haltung. Ein erfreulicher Aspekt bei der Anschaffung ist auch die lange Lebenserwartung, denn Shelandponys können 30 bis 40 Jahre alt werden.

Rassekennzeichen des Shetland-Ponys
Herkunft: Shetlandinseln
Größe: Dreijährig nicht über 105 cm, vierjährig und älter nicht über 107 cm.
Farben: Alle, keine Tigerscheckung.
Gebäude:
Kopf: Kleiner, gut getragener und proportionierter Kopf; intelligentes, dunkles, freundliches Auge; kleine, aufgestellte, nicht zu eng stehendeOhren; genügend lange Maulspalte; große Nüstern; Zähne und Kiefer müssen korrekt sein.
Hals: Kräftig; nicht zu tief angesetzt, mit dichter Mähne.
Körper: Rechteckformat; Schulter schräg plaziert; breite Brust; tiefgerripptes Mittelstück; nicht zu kurze Kruppe; gut bemuskelte Hinterhand; gut behaarter Schweif.
Fundament: Kräftig, korrekt; kurzes, kräftiges Röhrbein; harte, runde Hufe.
Bewegungsablauf: Korrekt, raumgreifend, elastisch und leichtfüßig.
Verwendungszweck: Kleines Reit- und Fahrpony; besonders als Anfangspony für kleinere Kinder geeignet.
Besondere Merkmale: Klug, genügsam, langlebig; fruchtbar und robust; gutartiges Temperament.

Welsh-Pony

Zu den bekanntesten Ponyrassen Großbritanniens gehört das Welsh-Mountain-Pony, das Walisische Gebirgspferd, das eine bis in die Keltenzeit reichende Tradition besitzt. Das kleine Pony, welches seit mehr als 1000 Jahren in den menschenleeren Berg- und Hochmoorlandschaften von Wales lebt, diente einst als Zugtier in den Kohlebergwer-

ken von Süd-Wales, aber auch den Schafhirten in dem bergigen Gelände ihrer Heimat als ausdauerndes und genügsames Reitpony.

Im Laufe der Jahre wurden die Welsh-Mountain-Ponys immer wieder mit Arabern gekreuzt. Um das alte Kulturgut zu bewahren, gründete man im Jahre 1901 die Welsh Pony and Cob Society. Durch Einkreuzungen und Selektion entstanden verschiedene Typen, die nach Abstammung, Größe und Blutführung in vier Sektionen eingeteilt wurden. Seit der Schließung des Zuchtbuches im Jahre 1960 konnte nur noch mit Zuchtpferden, die bis dahin eingetragen waren, mit Stutbuchanerkennung gezüchtet werden.

In den 60er-Jahren des vergangenen Jahrhunderts kamen die ersten Welsh-Ponys nach Deutschland. Sie eigneten sich vorzüglich für die Zucht größerer Reitponys. Heute wird in den Stutbüchern der deutschen Zuchtverbände nach den Richtlinien des Ursprungslandes gezüchtet.

Linke Seite:
Welsh-Ponys gibt es in verschiedenen Sektionen entsprechend ihrer Größe. Das Welsh-Mountain-Pony, Sektion A gilt als die Urrasse und hat gewisse Erhalterfunktion – auf dem Bild Stute mit Fohlen.

Welsh-Mountain-Pony, Sektion A

Das Mountain-Pony gilt als die Urrasse mit einer gewissen Erhalterfunktion. Seine Intelligenz bei gutartigem Temperament und Leistungswillen machen es zum idealen Kinderreitpony.

Rassekennzeichen des Welsh-Mountain-Ponys (Sektion A)
Herkunft: Walisisches Bergland
Größe: Bis 122 cm.
Farben: Alle Farben, ausgenommen Schecken.
Gebäude:
Kopf: Klein, trocken; mit konkav geschwungenem Nasenrücken, breite Stirn; Ganaschenfreiheit, großes, lebhaftes Auge; kleine, spitze, hoch angesetzte Ohren;
weite Nüstern.
Hals: Genügend lang, gut angesetzt, gewölbt mit gutem Aufsatz bei Hengsten, leichtes Genick.
Körper: Stark bemuskelt, deutlich geschwungener Rücken, melonenförmige Kruppe und gut angesetztem, schön getragenem Schweif; breite Brust; schräge, lange Schulter; große Gurtentiefe und gute Rippenwölbung; aufgerichtete Haltung.
Fundament: Kräftig, trocken; kurze, ovale Röhren; markante Gelenke, mittellang gefesselt; gut geformte, runde, feste Hufe.
Bewegungsablauf: Raumgreifend, elastisch frei aus der Schulter auch mit Aktion; mit energischem Antritt und Schub aus der Hinterhand; Takt.
Verwendungszweck: Ideales Pony für kleinere Kinder; verfügt über hervorragende Fahreigenschaften.
Besondere Merkmale: Edel, unempfindlich; anspruchslos in Haltung und Umgang; lebhaft, gutwillig und mutig.

Das mittelgoße Welsh-Pony, Sektion B wird von seinen Haltern als zuverlässig, gutwillig, leistungsbereit sowie anspruchslos in Haltung und Umgang geschildert.

Welsh-Pony, Sektion B

Das Welsh-Pony ist durch Einkreuzung anderer Rassen entstanden, es zeigt aber unverkennbar die Merkmale der Welsh-Rasse auf. Es ist mittelgroß und steht mehr im Reitponytyp.

Rassekennzeichen des Welsh-Ponys (Sektion B)
Herkunft: Großbritannien, aus dem Welsh Mountain Pony durch gezielte Kreuzungen gezüchtetes größeres Kinderreitpony.
Größe: Bis 137 cm.
Farben: Alle Farben, ausgenommen Schecken.
Gebäude:
Kopf: Edel, trocken, nicht zu lang; breite Stirn; großes, lebhaftes Auge; zierliche, gut angesetzte Ohren; Ganaschenfreiheit.
Hals: Genügend lang; gut angesetzt; schlank und fein bei Stuten; gewölbt mit gutem Aufsatz bei Hengsten; leichtes Genick.
Körper: Stark bemuskelter, mittellanger, leicht geschwungener Rücken; melonenförmige, längliche Kruppe und gut angesetztem, schön getragenem Schweif; große Gurtentiefe und gute Rippenwölbung; lange, schräge, gut gelagerte Schulter mit nicht zu hohem Widerrist.
Fundament: Kräftig, trocken; kurze, ovale Röhren; markante Gelenke, mittellang gefesselt; gut geformte, runde, feste Hufe.
Bewegungsablauf: Raumgreifend, elastisch frei aus der Schulter; mit energischem Antritt und Schub aus der Hinterhand; Takt.
Verwendungszweck: Vielseitiges Reit- und Turnierpony für Kinder sowie für den Fahrsport.

Besondere Merkmale: Zuverlässig, gutwillig und leistungsbereit; anspruchslos in Haltung und Umgang.

Welsh-Pony im Cob-Typ, Sektion C

Durch Einkreuzungen mit Cobs, also Pferden mit kompaktem Exterieur, ist das Welsh-Pony im Cob-Typ entstanden. Es gleicht in der Rassebeschreibung der Sektion B, ist aber robuster im Typ mit Fesselbehang und kräftiger in den Gelenken.

Rassekennzeichen des Welsh-Ponys im Cob-Typ (Sektion C)

Herkunft: Wales
Größe: Bis 137 cm.
Farben: Alle Farben, ausgenommen Schecken.
Gebäude:
Kopf: Edel, ausdrucksvoll mit Pony-Charakter; Ramsnase unerwünscht; breite Stirn; Ganaschenfreiheit; großes, lebhaftes Auge; feine, gut angesetzte Ohren; weite Nüstern.
Hals: Genügend lang; gut angesetzt; gewölbt mit gutem Aufsatz bei Hengsten; leichtes Genick.
Körper: Stark bemuskelt; deutlich geschwungener Rücken; melonenförmige Kruppe mit guter Behosung und gut angesetztem, schön getragenem Schweif; breite Brust, schräge, lange Schulter; große Gurtentiefe und gute Rippenwölbung; aufgerichtete Haltung.
Fundament: Kräftig und trocken; kurze, ovale Röhren; markante Gelenke; mittellang befesselt; gut geformte, runde, feste Hufe; seidige Kötenhaare sind erwünscht.
Bewegungsablauf: Raumgreifend; elastisch frei aus der Schulter auch mit Aktion; mit energischem Antritt und Schub aus der Hinterhand; Takt.
Verwendungszweck: Vielseitiges Pony; geeignet für Erwachsene und Kinder sowie für den Fahrsport.
Besondere Merkmale: Zuverlässig; gutwillig und leistungsbereit; anspruchslos in Haltung und Umgang.

Welsh-Cob-Pony, Sektion D

Die Welsh-Cob-Ponys Sektion D sollen der Überlieferung zufolge im 12. Jh. durch die Einkreuzung spanischer Hengste und Berber entstanden sein. Auch Hackneys und Kaltblüter werden in der Zuchtverwendung vermutet. Für das Welsh-Cob-Pony Sektion D wird eine Größe von 150 Stockmaß angestrebt.

Rassekennzeichen des Welsh-Cob-Ponys (Sektion D)

Herkunft: Seit mehr als 800 Jahren in Wales gezüchtet.
Größe: Über 137 cm.
Farben: Alle Farben, ausgenommen Schecken.

Gebäude:
Kopf: Edel; ausdrucksvoll mit Pony-Charakter; Ramsnase unerwünscht; breite Stirn; Ganaschenfreiheit; großes, lebhaftes Auge; feine, gut angesetzte Ohren; weite Nüstern.
Hals: Genügend lang; gut angesetzt; gewölbt mit gutem Aufsatz bei Hengsten; leichtes Genick.
Körper: Stark bemuskelt; deutlich geschwungener Rücken; melonenförmige Kruppe mit guter Behosung und gut angesetztem, schön getragenem Schweif; breite Brust; schräge, lange Schulter; große Gurtentiefe und gute Rippenwölbung; aufgerichtete Haltung.
Fundament: Besonders kräftig; trocken; kurze, ovale Röhren; markante Gelenke; mittellang gefesselt; gut geformte, runde, feste Hufe; seidige Kötenhaare sind erwünscht.
Bewegungsablauf: Raumgreifend; elastisch; frei aus der Schulter auch mit Aktion; mit energischem Antritt und Schub aus der Hinterhand; Takt.
Verwendungszweck: Einsatz als Familien-Freizeitpferd mit den Schwerpunkten Erwachsenenpferd und Fahrsport.
Besondere Merkmale: Stark, muskulös; unempfindlich; anspruchslos in Haltung und Umgang; vielseitig; leistungsbereit; gutwillig und mutig.

Linke Seite:
Das Welsh-Cob-Pony, Sektion D wird seit mehr als 800 Jahren in Wales gezüchtet. Es hat einen raumgreifenden Bewegungsablauf mit energischem Antritt und Schub aus der Hinterhand.

Ein Pony kaufen

Wenn sich eine Familie mit dem Gedanken beschäftigt, ein Pony oder Kleinpferd zu erwerben, sollten sich alle Familienmitglieder darüber einig sein, für welchen Verwendungszweck der Vierbeiner hauptsächlich gedacht ist und wie das Tier untergebracht werden soll. Im Folgenden einige Gedankenanstöße dazu. Worüber muss man sich vorab informieren und was ist beim Kauf alles zu bedenken?

Kinderpony

Die ersten Erfahrungen im Umgang mit Ponys machen Kinder meist mit den kleinen Shetlandponys. Unter sachkundiger Aufsicht und Anleitung können dabei Beziehungen entstehen, die prägend wirken und für das spätere Leben des künftigen Reiters bedeutsam sind. Shetlandponys eignen sich für Kinder im Alter bis zu sechs Jahren. Wird das Kind bereits in diesem Alter mit dem Füttern und Putzen des Shetties betraut, lernt es, richtig mit Pferden umzugehen. Dazu muss das kleine Pony natürlich absolut fromm, das heißt, wirklich umgänglich sein, was es – hat es noch keine schlechten Erfahrungen

Karotten und Äpfel sind für das Pony gute Leckerbissen und sollten auf dem täglichen Speiseplan nicht fehlen.

mit Menschen gemacht – in der Regel auch ist. Wurde es schon einmal von Kindern geärgert oder gar gequält, nimmt es eine unfreundliche Haltung gegenüber Menschen ein.

Kinder können dem Pony zuweilen ganz ohne böse Absicht Schmerzen zufügen, weshalb gerade bei Kleinkindern, aber auch bei größeren immer eine **Aufsichtsperson** dabei sein sollte, wenn sie mit dem Pony umgehen, und auf die richtigen Verhaltensweisen des Kindes hinarbeiten.

Bei den ersten Reitversuchen des Kindes wird das Shetlandpony noch von einem Erwachsenen geführt.

Als Reitpony für Kinder im Alter von sechs bis 16 Jahren eignen sich fast alle anderen Ponyrassen. Zeigt das Kind oder der Jugendliche Ambitionen für späteres **Turnierreiten**, bieten sich besonders die Ponys an, die vor allem von der Bewegungsmechanik her für klassisches Reiten, das heißt Dressur und Springen, prädestiniert sind. Adel, Leistungswille und Temperament sollten diesen Ponys ebenso innewohnen wie Intelligenz und Härte. Ein für den **Springsport** gewähltes Pony muss zudem noch durch seine Sprungbegabung hervorstechen. Welsh-Ponys Sektion A, B und C, Dartmoor-, New-Forest- und Connemara-Ponys eignen sich ganz besonders für den Kinder- und Jugendlichen-Reitsport.

Der junge Reiter und das Pony sollen ein harmonisches Bild abgeben, was leider infolge wachstumsbedingter Ungleichheit oft nicht der Fall ist. Ein weitaus größeres Problem aber stellt sich dadurch, dass Kinder und Jugendliche meist noch nicht imstande sind, ein nicht zugerittenes **Pony auszubilden.** Für diese Reiter kommt nur ein gut zugerittenes Pony in Betracht. Ein rohes Pony gehört nur in die Hände eines erfahrenen Reiters.

Da für den Beritt der kleinen Ponys aber oft keine ausgebildeten, größenmäßig passenden Reiter zur Verfügung stehen, kommt bei der Ausbildung des Ponys der Longenarbeit große Bedeutung zu. Hier kann ein qualifizierter Ausbilder vom Boden aus an der Longe alle Ausbildungsschritte mit dem Pony einüben – Richtungswechsel, Halten und vieles mehr – so als säße er im Sattel. Für die größeren Ponyrassen ab 135 cm Widerristhöhe finden sich leichter qualifizierte Reiter von kleinerer Statur, die das Zureiten übernehmen können.

Nicht nur über die Reiterei im klassischen Sinn kommen die Kinder dem Pony nahe. Vor allem kleinere Kinder beginnen häufig erst einmal mit dem **Voltigieren**. Hier lernen die Kinder vor allem, Vertrauen zum Pony zu gewinnen und ihre eigene **Sitzfestigkeit** zu verbessern. Der sportliche Aspekt, das Gefühl für **Gleichgewicht** und die Bewegung des Pferdes, die das Kind beim Voltigieren erfährt, sind ebenfalls nicht zu unterschätzen. Zahlreiche jugendliche Turnierreiter konnten die ersten Kontakte zum Pferd in einer Voltigiergruppe knüpfen.

> **Hinweis**
> Zeigt sich, dass ein Kind Freude am Reiten hat, sollte es möglichst bald qualifizierten Reitunterricht bekommen. Dort soll es auch lernen, richtig mit dem Pferd umzugehen, um Unfälle zu vermeiden, aber auch, damit es den Spaß an Pferden nicht schnell wieder verliert.

Sehr beliebt bei Kindern sind auch **Ponyspiele** verschiedener Art, wobei das Mitmachen den Gemeinschafts- und Kameradschaftsgeist fördert. Die hierfür benötigten Ponys müssen in erster Linie von gutem Charakter, das heißt, von den Kindern leicht zu handhaben sein. Meist werden Reiterspiele mit dem Pony ohne Sattel geritten und es ist immer wieder erstaunlich, wie locker Reiter und Pony die Sache angehen. Die Kinder lernen, direkt auf dem Pferderücken zu sitzen und natürlich auch zu fallen. Dass die Kinder lernen, völlig entkrampft und ohne Angst mit den Ponys umzugehen, erleichtert später den Umstieg in die „ernste" Reiterei. So sind gut organisierte Ponyspiele durchaus geeignet, als Vorstufe beispielsweise für das spätere **Vielseitigkeitsreiten** zu dienen.

Familienpony

Infolge der Mechanisierung und Automatisierung unserer Lebensumwelt wird der Wunsch nach einem entsprechenden Ausgleich mit mehr Kontakt zur Natur und Tieren immer stärker. Für eine pferdebegeisterte Familie bietet sich ein Pony als idealer **Freizeitpartner** an. Ponys verursachen geringere Haltungskosten als beispielsweise ein Großpferd, haben geringe Kraftfutteransprüche und die Möglichkeiten sind größer, Ponys preiswerter in der Gruppe mit ihresgleichen in einem Offenlaufstall unterzustellen.

Von einem Familien-Freizeitpony werden vor allem Umgänglichkeit erwartet und ein ruhiges **Temperament**. Schließlich sollen sowohl die erwachsenen Familienmitglieder ebenso mit dem Pony ausreiten können als auch die etwas größeren Kinder. An das Leistungsvermögen des Familienponys sind etwas **vielseitigere Anforderungen** zu stellen, es sollte beispielsweise auf Wanderritten auch ein kleines Hindernis problemlos überwinden können.

Mit dem Familien-Freizeitpony wird man, zumindest am Anfang, die Teilnahme an Turnieren nicht anstreben. Trotzdem werden die Ponys in der Zucht in Richtung von noch mehr Rittigkeit, Ausdauer und Springvermögen selektiert, also genau die Eigenschaften bevorzugt, die für Turniere erwünscht sind.

Pony zum Fahren

Nahezu Ponys aller Rassen eignen sich zum Einspannen und Fahren. Ihre guten Eigenschaften wie Umgänglichkeit, Gängigkeit, Ausdauer sowie natürlich die Anspruchslosigkeit allgemein erweisen sich dabei von Vorteil. Selbst speziellen Wünschen des Käufers bezüglich der Fellfarben und -zeichnungen kann Rechnung getragen werden, da die Ponys in zahlreichen Farbvarianten auftreten. Palominos, Falben und Füchse mit hellem Behang und Tigerschecken sind auch als **Passergespanne** beliebt, die Pferde passen also in ihrem Äußeren perfekt zusammen. Manche Ponyzüchter selektieren gezielt daraufhin.

> Als vielseitig verwendbare und geeignete Rassen erweisen sich Island- und Connemara-Ponys, Fjordpferde, Haflinger und Welsh-Cobs, die auch im Gespann gefahren werden können.

Ein Pony, eingespannt mit Brustblattgeschirr, sehr schön am Zügel stehend, vor einem gängigen Wagen. Was kann es für den Besitzer Schöneres geben?

Schwieriger als beim Bereiten eines rohen Ponys gestaltet sich allerdings die **Ausbildung** des Ponys zu Fahrzwecken (siehe dazu Seite XX). Meist ist es so, dass Ponyhalter ihre Pferdchen aus reiner Freude am Fahren oder Kutschieren einspannen, ohne dabei einen turniermäßigen Fahrstil anzustreben. Allerdings sollte schon aus Sicherheitsgründen eine gewisse Grundkenntnis und Erfahrung im Fahren vorhanden und die Tiere mit Geschirr und Wagen, dem Ziehen und den Hilfen vertraut sein.

Welches Alter?

Ponys gehören zu den „spätreifen" unter den Pferden und sind erst mit fünf bis sieben Jahren ausgewachsen. Würden sie vorher körperlich beansprucht, würde letztlich ihre Leistungsfähigkeit beeinträchtigt. Ehe ein Pony unter dem Reiter oder im Gespann eingesetzt wird, sollte es seine **volle Reife** erreicht haben. Zwar ist es dann schon verhältnismäßig alt, zeichnet sich aber durch Gesundheit und Langlebigkeit aus. Ein zugerittenes Pony sollte demnach ein Alter von mindestens etwa sechs Jahren erreicht haben, ehe es zum weiteren Gebrauch als Reitpony angeboten wird. Ein älteres Pony, das sein jugendliches Temperament abgelegt hat und sich gelassen und ruhig dem Kind auch unterordnet, eignet sich zweckmäßigerweise für jüngere Kinder.

Natürlich fordert der Verkäufer für ein älteres, weil zugerittenes, beziehungsweise eingefahrenes Pony einen **höheren Preis**. Schließlich sind höhere Futter- und Haltungskosten zu veranschlagen und die Zeit und Mühe für die „Erziehung" kann meist durch Geld überhaupt nicht aufgewogen werden.

> **Hinweis**
> Es lohnt sich auch für den Freizeitfahrer, das Fahrabzeichen, also den Führerschein für Kutschen, zu machen. Nur in diesem Falle übernimmt die Versicherung Schäden, die durch Unfälle mit der Kutsche entstehen könnten.

Schutzsuchend hält sich das Fohlen ganz eng bei der Mutter auf. Der Züchter sollte sicherstellen, dass das Fohlen auch mit anderen Ponys Kontakt pflegen kann, damit ein gutes Sozialverhalten gefördert wird.

Fohlen

Ein Erlebnis von großer Intensität bietet sich dem Käufer eines Ponyfohlens. Nie mehr später kann sich ein solch enger Kontakt zwischen Pony und Halter entwickeln. Das Ponyfohlen vermag sich noch völlig auf seinen Besitzer einzustellen und mögliche Unarten, die sich – aus welchen Gründen auch immer – beim erwachsenen Pony entwickeln können, treten gar nicht erst auf. Das gegenseitige Aufeinander-Eingehen kommt voll zum Tragen und man lernt sein Tier von Anfang an in all seinen Facetten kennen.

Trotz allem ist der Mensch weder Ersatz noch ein adäquater Spielpartner für Fohlen. Für eine ungestörte **Entwicklung** brauchen sie **alters- und geschlechtsgleiche Artgenossen** zum Spielen. Aus diesem Grunde sollten Jungpferde möglichst in größeren Gruppen gehalten und aufgezogen werden. Dabei spielen oft zwei befreundete Fohlen miteinander. Zieht man zwei Ponyfohlen also gemeinsam auf, ist es wichtig, dass sie das gleiche Geschlecht haben. Die weiblichen Fohlen spielen wesentlich sanfter miteinander, während die jungen

Hengste Geschlechtsgenossen brauchen, um ihre robusteren Kampfspiele trainieren zu können.

Um eine **artgerechte Aufzucht** im Sozialverband sicherzustellen, besteht beispielsweise die Möglichkeit, das Fohlen in eine Herde zu geben – am besten auch mit erwachsenen Pferden oder Ponys – oder zumindest zwei gleichgeschlechtliche Fohlen gemeinsam aufzuziehen.

Da eine relativ lange Zeit vergeht, bis ein Ponyfohlen zum beabsichtigten Verwendungszweck herangezogen ist, braucht man einen längeren Atem, wenn man die Ponyhaltung mit Fohlen beginnt. Das Gute aber daran ist, dass man auch viel mehr Zeit hat, einen **engen Kontakt** zu dem oder den Tieren aufzubauen. Natürlich muss man diese Zeit auch haben oder bereit sein, sie sich zu nehmen.

Wer noch ein älteres Pony zum Reiten und Fahren zur Verfügung hat, sollte sich nicht scheuen, ein Fohlen anzuschaffen und alle Höhen und Tiefen eines jungen Pferdedaseins mit zu durchleben. Dass Tiefen zum Beispiel durch Krankheiten eintreten können, darf nicht verschwiegen werden. Auch aufzuchtbedingte Fehlentwicklungen können die Freude am Fohlen trüben. Um Fehler zu vermeiden, ist es also sehr wichtig, sich eingehend über Fütterung und Haltung eines Fohlens während der Aufzucht zu informieren.

Fohlen sind im Verhältnis zum ausgewachsenen Pony relativ teuer. Hinzurechnen muss man die Kosten für die **lange Zeit der Aufzucht** und Haltung. Wird später noch ein Bereiter für das Zureiten in Anspruch genommen, erhöhen sich die Gesamtkosten noch. All dies ist bei den Überlegungen zum Kauf eines Ponyfohlens zu berücksichtigen.

> Bei Fehlen von Spielpartnern während der Zeit des Heranwachsens, wie es bei einzeln aufgezogenen Fohlen der Fall ist, sind im späteren Leben Störungen im Sozial- und besonders auch im Sexualverhalten zu erwarten.

Stute, Hengst, Wallach

Bei der Frage nach dem Geschlecht des zukünftigen Ponys sollten die folgenden Unterschiede bedacht werden, bevor man sich entscheidet. Ein **Ponyhengst** wird in der Regel viel mehr Schwierigkeiten bei der Haltung bereiten als ein **Wallach**, also ein Hengst, der einjährig kastriert wurde. Auch ein zu spät „gelegter", also kastrierter Hengst, der zudem noch die Möglichkeit zum – wenn auch unbeabsichtigten – Decken hatte, behält später weitgehend seine Hengstmanieren bei.

Die Hoffnung, einen wertvollen Deckhengst großzuziehen, führt dazu, die Kastration hinauszuschieben. Doch ganz wenige Ponyhengste erfüllen die Anforderungen, die von tierzüchterischer Seite an Deckhengste gestellt werden wie **Leistungsprüfungen** und **Ankörung**. Nur in jeder Hinsicht allerbeste Tiere sind geeignet, Fortschritte in der Zucht zu bewirken. Die meisten Züchter kennen die strengen Zuchtbestimmungen, glauben aber dennoch, gerade ihr Hengstchen sei ein Spitzentier. Gegen diese Meinung ist an sich nichts einzuwenden. Sie führt aber dazu, dass der Hengst viel **zu spät**

> **Hinweis**
> Ein Hengst kann nicht mit Stuten auf eine Gemeinschaftsweide gehen und als Reitpony für Kinder und schwächere Reiter eignet er sich überhaupt nicht. Er zeigt weit mehr als ein Wallach die ganze Palette selbstbewussten Pferdeverhaltens und ist damit im Umgang weniger verlässlich und berechenbar.

> **Hinweis**
> Auch wenn beim Hengst und bei der Stute in punkto Ausgeglichenheit Ausnahmen die Regel bestätigen, ist immer noch der Wallach die beste Empfehlung, wenn man ein wesensmäßig stabiles Reitpony haben möchte.

kastriert wird, und zwar meist erst dann, wenn sich herausstellt, dass er sich als Hengst nicht verkaufen lässt. Auch falsch verstandene Tierliebe hält Besitzer davon ab, ihren Hengst rechtzeitig kastrieren zu lassen. Doch ein junger Hengst, der nie gedeckt hat und Wallach wurde, entbehrt absolut nichts. Er sucht nicht nach Freuden, von denen er nichts weiß.

Beim Kauf einer **Ponystute** ist zu bedenken, dass diese während der Rosse, etwa alle drei Wochen, Verhaltensänderungen zeigen kann, die das Reiten nicht gerade zur Erbauung des Reiters gestalten.

Bei manchen Ponystuten zeigt sich die Rosse nur sehr wenig; sie rossen „still". Das heißt, außer in ihrem sonstigen Verhalten kann der Ponyhalter kaum die anderen körperlichen **Rosseerscheinungen** bei der Stute erkennen. Allerdings lässt sich bei Stuten mit Fohlen die Rosse der Mutter daran erkennen, dass das Fohlen in diesen Tagen Durchfall hat, oder, wird die Stute in einer Box neben einem Hengst eingestallt, zeigt dieser die Rosse an.

Wo kauft man Ponys oder Kleinpferde?

Eine Anzeige über ein zum Verkauf stehendes Pony gibt oft den letzten Anstoß dazu, lang gehegte Kaufabsichten in die Tat umzusetzen, besonders dann, wenn das Pony in der Nähe zu besichtigen ist. Der Verkaufsannonce kann sich sowohl ein Hobbypferdehalter, etwa ein Besitzer, der aus welchen Gründen auch immer sich von seinem Pony trennen will, als auch der Züchter bedienen. Beim festen Entschluss, ein Pony zu kaufen, wird man aber auch eine weitere Anreise in Kauf nehmen. Der unbestreitbare Vorteil beim **Züchter** ist, dass man in der Regel auch die Mutterstute des angebotenen Ponys ansehen kann, vielleicht sogar auch das Vatertier. Ist das Pony der Wahl aber älter, sind die Elterntiere unter Umständen nicht mehr am Leben.

> **Hinweis**
> Adressen von seriösen Züchtern vermitteln unter anderem die zuständigen Landes-Pferdezuchtverbände und die verschiedenen Ponyzuchtverbände (Anschriften siehe Seite 154).

Neben dem privaten Ponyangebot steht das des **Händlers**. Manchmal wird in einem Reitstall ein Pony aus dem Schulbetrieb genommen, weil ein Großpferd notwendig wurde. Ein Freizeitreiter kann an einem solchen Tier noch lange Zeit Freude haben. Außerdem bieten noch Pferdemärkte und spezielle **Pony- oder Fohlenmärkte** Gelegenheit zum Erwerb eines Ponys.

Einerlei, wo man zu kaufen beabsichtigt, für das erstbeste Pony sollte man sich keinesfalls entscheiden. Erst das Ansehen mehrerer zum Verkauf stehender Tiere bietet die Möglichkeit, Vergleiche zu ziehen, um dann die endgültige Wahl zu treffen.

Was beim Kauf zu beachten ist

In erster Linie ist der Pferdekauf eine Vertrauenssache, dennoch sollte der Käufer einige wichtige Punkte nicht außer Acht lassen. Hat er irgendwelche Zweifel an der Glaubwürdigkeit der Aussagen des Verkäufers, empfiehlt es sich, dort lieber nicht zu kaufen.

Wer selbst nicht genügend Fachkenntnis zur **Beurteilung** eines Ponys besitzt, bittet eine kompetente Person seines Vertrauens, ihm beim Pferdekauf oder schon bei der vorhergehenden Besichtigung beratend zur Seite zu stehen. Zuerst stellen sich die Fragen nach dem Grund des Verkaufs und wie lange das Pony im Besitz des Verkäufers war. Häufige Besitzerwechsel sprechen meist nicht dafür, dass es sich um ein in allen Punkten einwandfreies Tier handelt.

Das Pony muss einen guten äußeren **Eindruck** machen, das heißt, das Fell soll im Sommer kurz und glänzend sein, was im Winter von robust gehaltenen Tieren nicht erwartet werden kann. Bei kurz geschnittener Mähne könnte ein Sommerekzem (siehe Seite XX) vorliegen. Darüber sollte die Frage an den Verkäufer Aufschluss geben, ob sich das Pony im Sommer häufig scheuert.

Befindet sich das Pony zum Zeitpunkt der Besichtigung auf der Weide, kann sein **Verhalten** beobachtet werden, zum Beispiel ob es sich leicht und ohne Schwierigkeiten einfangen lässt. Man streiche ihm über den Kopf und über den Rücken bis zur Kruppe. Wenn es den Kopf abwehrend wegdreht, bereitet es möglicherweise auch beim Auftrensen Schwierigkeiten, ebenso wie das sich nicht streicheln lassen und **Abwehrreaktion** bei etwas Klopfen der Sattellage auf Sattelzwang schließen lassen.

Beim Aufheben der Beine ergibt sich die Gelegenheit, die **Hufe** auf ihre Beschaffenheit und Gesundheit zu überprüfen. Dazu sollte man einen Hufkratzer bei sich haben. Den Beinen des Ponys sollte besonderes Augenmerk gewidmet werden, weil nur klare, gesunde Beine leistungsfähig sind.

Ferner ist auf **Gebäudefehler** wie eine steile Schulter und andere zu achten, die möglicherweise die Gebrauchsfähigkeit beeinträchtigen könnten. Hinterfragen sollte man auf jeden Fall auch, wie sich das Pony beim **Schmied** verhält.

Die Vorführung des Ponys geschieht an der Hand in allen **Gangarten**. Der Schritt soll nicht übereilt, ruhig und frei sein, der Trab geschmeidig und raumgreifend, der Galopp ruhig und springend. Beim Isländer sind zusätzlich der Passgang und ein schwungvolles Tölten erwünscht.

Wird ein bereits **angerittenes** und **eingefahrenes** Pony präsentiert, ist zu beobachten, wie es den Reiter aufsitzen lässt, ob es dabei ruhig stehen bleibt und sich nach Hilfengebung wegreiten lässt. Es darf nicht an anderen Pferden, die eventuell noch gehalten werden, „kleben", was ein Herdentier gerne tut.

Auf einer belebten Straße sieht der Käufer, ob das Tier „**verkehrssicher**" ist und vor Autos und anderen Lärm verursachenden Fahrzeugen nicht scheut. Schließlich sollte der künftige Besitzer das Pony selbst reiten und fahren, um festzustellen, ob sich Pferd und Reiter in voller Übereinstimmung befinden. **Unerwünschte Verhaltensweisen**

> **Hinweis**
> Bei der Beurteilung muss das Pony ruhig stehen, sich rundherum anfassen lassen und auch das Heben der vier Beine darf kein Problem darstellen.

wie Steigen, Ausschlagen, Beißen und Ausbrechen aus der Koppel lassen sich während einer Besichtigung nicht ohne Weiteres erkennen. Hier muss man der Versicherung des Verkäufers zuerst einmal Glauben schenken. Schlechtes Benehmen eines Pferdes spricht sich meist bei „Pferdeleuten" herum und der Verkäufer wäre schon sehr skrupellos, würde er eine Untugend verschweigen.

Auch über die **Fressgewohnheiten** sollte man sich beim Vorbesitzer zu erkundigen. Erwünscht sind gute Fresser und ebensolche Futterverwerter. Auf der anderen Seite sollte man auch immer daran denken, dass Ponys eher zur Verfettung oder Stoffwechselproblemen wie Hufrehe neigen, wenn sie zu viel Futter und zu wenig Bewegung haben.

Weiterhin sollte man Einsicht in die **Abstammungspapiere** des Ponys nehmen und sich versichern, dass die darin angegebene Farbe, Abzeichen und andere Besonderheiten mit denen des angebotenen Tieres übereinstimmen. Da Ponys erst im Alter von fünf bis sieben Jahren ihre volle **Körpergröße** erreicht haben, empfiehlt es sich, diese nachzumessen, denn hat ein jüngeres Pony bereits die Mindestmaße erreicht, wird es später zu groß sein. Ein ausgewachsenes Pony

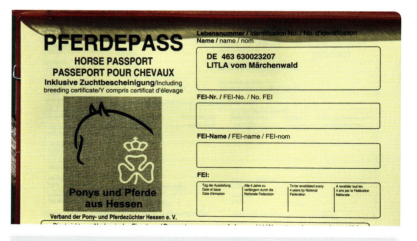

Im Pferde- oder Equidenpass – vom zuständigen Zuchtverband ausgestellt – sind Lebensnumer, Name des Ponys, Abstammung (Eltern und Großeltern) und eventuelle Besonderheiten wie Abzeichen an Kopf, Brust und Beinen angegeben und natürlich der Geburtstag.

> **Hinweis**
> In der Ankaufsuntersuchung durch den Tierarzt wird der äußerliche Zustand des Pferdes dokumentiert, und zwar
> - die Stellung der Beine,
> - der Zustand der Hufe,
> - der Futterzustand und die Qualität des Fells,
> - der optische Eindruck im Stehen und in der Bewegung,
> - die Beine und Gelenke,
> - die Lunge und das Herz (abhören und mit dem Pulsschlag vergleichen),
> - die Zähne und die Augen.
>
> Der Verkäufer muss der Ankaufsuntersuchung zustimmen.

Was beim Kauf zu beachten ist 47

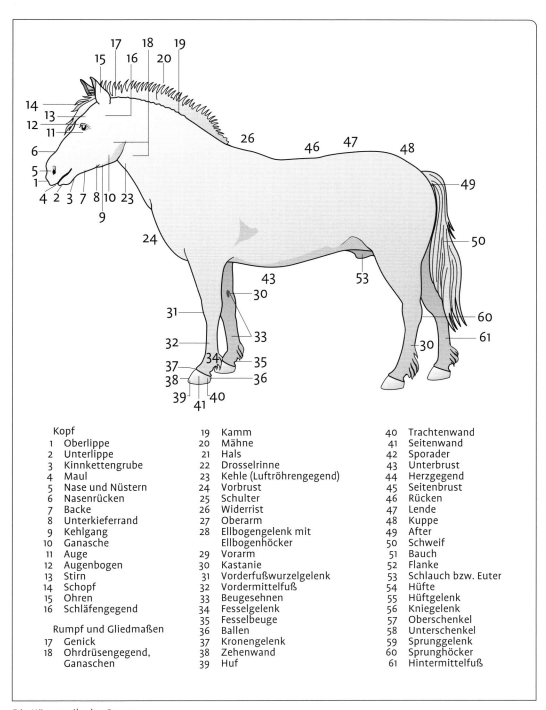

	Kopf				
1	Oberlippe	19	Kamm	40	Trachtenwand
2	Unterlippe	20	Mähne	41	Seitenwand
3	Kinnkettengrube	21	Hals	42	Sporader
4	Maul	22	Drosselrinne	43	Unterbrust
5	Nase und Nüstern	23	Kehle (Luftröhrengegend)	44	Herzgegend
6	Nasenrücken	24	Vorbrust	45	Seitenbrust
7	Backe	25	Schulter	46	Rücken
8	Unterkieferrand	26	Widerrist	47	Lende
9	Kehlgang	27	Oberarm	48	Kuppe
10	Ganasche	28	Ellbogengelenk mit Ellbogenhöcker	49	After
11	Auge	29	Vorarm	50	Schweif
12	Augenbogen	30	Kastanie	51	Bauch
13	Stirn	31	Vorderfußwurzelgelenk	52	Flanke
14	Schopf	32	Vordermittelfuß	53	Schlauch bzw. Euter
15	Ohren	33	Beugesehnen	54	Hüfte
16	Schläfengegend	34	Fesselgelenk	55	Hüftgelenk
	Rumpf und Gliedmaßen	35	Fesselbeuge	56	Kniegelenk
		36	Ballen	57	Oberschenkel
17	Genick	37	Kronengelenk	58	Unterschenkel
18	Ohrdrüsengegend, Ganaschen	38	Zehenwand	59	Sprunggelenk
		39	Huf	60	Sprunghöcker
				61	Hintermittelfuß

Die Körperteile des Ponys

darf die rassemäßigen Höchstmaße nicht überschreiten, vor allem dann nicht, wenn man beabsichtigt, Schauen und Ausstellungen zu besuchen. Dort entscheidet bei Vorhandensein gleichwertiger Tiere letztlich das Kriterium der Größe.

Ankaufsuntersuchung

Weitgehend Sicherheit über den Gesundheitszustand des Ponys und die Beschaffenheit der Extremitäten gibt eine vor dem Kauf durchgeführte tierärztliche Ankaufsuntersuchung. Über das Ergebnis wird ein Protokoll gefertigt, das unter Umständen beiden am Kauf beteiligten Parteien späteren Ärger aus dem Weg räumt und vom Käufer stets verlangt werden sollte.

Die Zähne zeigen das Alter

Von jeher wurde das Alter eines Pferdes mit Hilfe der Veränderungen seines Gebisses ermittelt. Dies ist mit ziemlicher Genauigkeit möglich. Kleine Abweichungen sind rasse- oder fütterungsbedingt und so zeigen ständige Weidegänger durch mit dem Gras aufgenommenen Sand schneller abgenutzte Zähne als Pferde aus Stallhaltung.

Man unterscheidet zwischen Milchzähnen und bleibenden Zähnen. Außer den drei letzten Backenzähnen, den Molaren, wechseln alle Zähne. Die mittleren Zähne des Gebisses heißen Zangen, beidseits davon liegen die Mittelzähne, anschließend die Eckzähne = 6 Schneidezähne. Je 3 Prämolaren und 3 Molaren vervollständigen das Gebiss.

Der Hengst oder Wallach besitzt zwischen den Schneide- und Backenzähnen noch einen sogenannten Hakenzahn, der ganz selten auch bei Stuten auftreten kann. Das bleibende Pferdegebiss weist somit beim Hengst 40 und bei der Stute 36 Zähne auf.

Innerhalb der ersten Lebenswoche erscheinen beim Fohlen die Milchzangen des Ober- und Unterkiefers, die manchmal beim Neugeborenen schon vorhanden sind, ebenso wie die Milchprämolaren. Nach 4 bis 6 Wochen kommen die Mittelzähne durch und im Alter von 6 bis 9 Monaten treten die Eckzähne in Erscheinung. Das Milchgebiss des Hengstfohlens besteht aus 28, das des Stutfohlens aus 24 Zähnen.

Im Alter von einem Jahr bricht der erste bleibende Backenzahn durch, mit etwa zwei Jahren der zweite und mit etwa vier Jahren der dritte, sowie der bleibende Hakenzahn.

Die Milchzähne unterscheiden sich von den bleibenden Zähnen in Größe, Form und Farbe. Während erstere von glänzend weißer Farbe und relativ klein sind, weisen die großen bleibenden Zähne eine gelbliche Verfärbung auf. Eine Verjüngung zur Basis zeichnet den Milchzahn aus, der bleibende Zahn zeigt von der Basis bis zur Reibefläche den gleichen Durchmesser.

Zahnformeln

für den Hengst/Wallach
Oberkiefer:
3 – 1 – 3 – 3
Unterkiefer:
3 – 1 – 3 – 3

für die Stute
Oberkiefer:
3 – 0 – 3 – 3
Unterkiefer:
3 – 0 – 3 – 3

Die Zähne zeigen das Alter 49

6½ Jahre. Kundenspur an den Zangen, Kunden noch an den Mittel- und Eckzähnen des Unterkiefers.

8 Jahre. Kundenspur an den Zangen und Mittelzähnen, Kunden nur noch an den Eckzähnen.

9½ Jahre. Zangen, Mittel- und Eckzähne des Unterkiefers kundenfrei.

Das **Alter** des Pferdes wird anhand der **Schneidezähne** (Zangen, Mittelzähne und Eckzähne) festgestellt. Die einzelnen Schneidezähne wechseln zu verschiedenen Zeitpunkten:
mit 2 ½ Jahren die Zangen,
mit 3 ½ Jahren die Mittelzähne und
mit 4 ½ Jahren die Eckschneidezähne.

Altersbestimmung an den Zähnen

Bis der neue Zahn seine volle Größe erreicht hat, vergeht jeweils ½ Jahr. Danach erst tritt eine Reibung der sich gegenüberliegenden Schneidezähne auf. An dieser Reibefläche zeigen sich an den Zähnen Einstülpungen in die Zahnmasse, die sogenannten **Kunden**. Während diese Vertiefungen der Schneidezähne des Oberkiefers 12 mm messen, sind die des Unterkiefers nur halb so ausgeprägt (6 mm). Man rechnet mit einer Abnutzung von 2 mm pro Jahr. Demnach wären die Kunden des Oberkiefers nach 6 Jahren und die des Unterkiefers bereits nach 3 Jahren nicht mehr vorhanden.

Da Zangen, Mittelzähne und Eckschneidezähne unterschiedlich wechseln und demzufolge verschieden lang in Reibung stehen, verschwinden auch die Kunden nicht zur gleichen Zeit. Die Kunden der Unterkieferzangen sind mit **6 Jahren** abgerieben, die der Unterkiefer-Mittelzähne mit **7 Jahren**, während die Eckschneidezähne des Unterkiefers mit **8 Jahren** keine Kunden mehr aufweisen. Infolge der

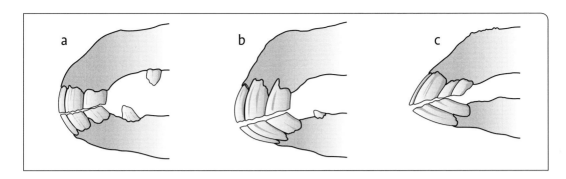

Veränderung der Schneidezahnrichtung beim Pony. Links: Zangengebiss bis zum Alter von 11 Jahren. Mitte: Halbes Zangengebiss im Alter von 12 bis 17 Jahren. Rechts: Winkelgebiss im Alter von über 17 Jahren.

doppelten Länge der Oberkiefer-Kunden sind diese an den Zangen mit **9 Jahren**, an den Mittelzähnen mit **10 Jahren** und an den Eckschneidezähnen mit **11 Jahren** abgerieben. Die dann noch über der Reibefläche etwas hervorragende Kundenspur verschwindet zwischen dem 13. und 15. Lebensjahr. Danach kann das Alter des Pferdes nur noch durch die Form der Reibeflächen im Unterkiefer ermittelt werden, die sich zwischen dem **12. und 17. Jahr** noch rundlich, später dreieckig und bei ganz alten Pferden längsoval darstellen.

Beim jungen Pferd schließen die Schneidezähne des Ober- und Unterkiefers wie eine Zange. Dieses Zangengebiss verändert sich im Laufe der Zeit. Zwischen dem 8. und 17. Lebensjahr nehmen die Zähne eine mehr vorwärts gerichtete Position ein. Dieser Übergang endet schließlich in einem sogenannten Winkelgebiss beim Pferd über 18 Jahren. Infolge der Zahnstellungsänderung tritt mit 9 Jahren etwa an den Eckschneidezähnen des Oberkiefers ein Einbiss auf, der aber im Alter von 11 bis 12 Jahren wieder verschwindet.

Kaufpreis

Es könnte leicht vermutet werden, dass ein Pony nur etwa halb so viel kostet wie ein Großpferd. Doch dem ist nicht so. Wohl waren die Futterkosten während der Aufzucht geringer, aber in der aufzubringenden Zeit und Mühe steht das Pony dem Großpferd in keiner Weise nach. So gesehen, kann das kleine Pferd auch nicht wesentlich billiger sein als ein großes. Was aber, auf die Gesamtlebensdauer des Tieres umgelegt, günstig zu Buche schlägt, sind die relativ geringeren Kosten durch die für Ponys ohnehin besser geeignete, robuste Haltung in Offenstall und Freiland.

Ein Pony sollte nie wegen seines verlockenden Preises erworben werden. Zwar ist nicht immer das teuerste Pony auch das beste und das preiswerte und billige muss nicht zwingend das schlechtere sein. In der Regel ist es aber so, dass sowohl von der **Abstammung** als auch vom **Exterieur** her gute Tiere ihren Preis fordern und dies ist auch bei Ponys nicht anders. Deshalb also lieber etwas tiefer in die Tasche greifen und dafür aber ein einwandfreies Pony erwerben, an dem man jeden Tag aufs Neue Freude hat. Vielleicht möchte man sich auch die Möglichkeit offen halten, einmal Schauen mit seinem Pony zu besuchen oder gar mit einer Stute zu züchten, wozu nur wirkliche Elitetiere gut genug sind. Und solche sind nun einmal nicht billig zu bekommen.

Kaufvertrag und das neue Recht

Die Vorschriften des Viehkaufrechts des Bürgerlichen Gesetzbuches (BGB) mit den §§ 481 bis 492 unter dem Begriff „Kaiserliche Verordnung betreffend die Hauptmängel und Gewährsfristen beim Viehhandel" vom 27. 03. 1899 sind mit Wirkung vom 01. 01. 2002 ersatzlos weggefallen. Nach dieser alten Regelung konnte aus folgenden Gründen ein Pferdekauf rückgängig gemacht werden: bei Rotz, Dämpfigkeit, Dummkoller, Kehlkopfpfeifen, periodischer Augenentzündung, Koppen.

An die Stelle der sogenannten Gewährsmängel ist eine **Garantieleistung für Sachmängel** getreten. Das Pferd muss beim Handel/ Kauf frei von Sachmängeln sein. Das ist dann der Fall, wenn das Pferd eine vereinbarte Beschaffenheit hat, es sich für den Zweck eig-

Es ist wichtig, dass sich bereits das Fohlen Ober- und Unterlippe hochheben lässt, damit später eine regelmäßige Zahnkontrolle vorgenommen werden kann.

net, den beide Vertragsparteien im Vertrag vorausgesetzt haben und sich das Pferd für die üblichen Zwecke eignet oder wie sie beispielsweise bei ähnlichen Tieren (Sachen) üblich sind.

Die zweiwöchige Gewährsfrist bei den genannten Hauptmängeln und auch die Gewährsfrist bei Nebenmängeln, soweit sie vertraglich vereinbart waren, entfällt. Nach dem novellierten Schuldrecht hat lt. § 433 Abs. 1 Satz 2 BGB – neu – der Verkäufer die Verpflichtung, dem Käufer eine mangelfreie „Sache" zu verschaffen. Ein Tier ist dann mangelfrei, wenn es bei Gefahrübergang (Übergabe des Pferdes) die vereinbarte Beschaffenheit hat. Im Falle eines **Mangels** kann nach §§ 437, 439 BGB – neu – der Käufer zunächst Nacherfüllung verlangen, entweder in Form der Beseitigung des Mangels oder Ersatzlieferung. Kommt der **Nacherfüllungsanspruch** (Mängelbeseitigung oder Ersatzlieferung) nicht zustande, dann kann der Käufer gem. § 437 Nr. 2 und Nr. 3 BGB – neu – vom Vertrag zurücktreten, den Kaufpreis mindern, Schadensersatz gem. §§ 440, 280, 281 BGB – neu – verlangen. Rücktritt vom Vertrag heißt Rückgängigmachung des Vertrages durch Rückgewähr der jeweils ausgetauschten Leistungen (Geld zurück/Pferd zurück).

Die **Beweislast**, dass ein Mangel besteht und dass er bereits bei Gefahrübergang bestand, liegt grundsätzlich beim Käufer – eine Beweislastregel, die nicht neu ist. Neu ist im neuen Schuldrecht die **Verjährung** geregelt; sie beträgt jetzt **zwei Jahre** (§ 438 Abs. 1 Nr. 3 BGB – neu).

> **Hinweis**
> Zeigt sich bei einem von einem gewerblichen Verkäufer erworbenen Pferd innerhalb von sechs Monaten seit Gefahrenübergang ein Sachmangel, wird vermutet, dass das Pferd bereits bei Gefahrübergang (Übergabe) mangelhaft war. Der Verkäufer müsste das Gegenteil beweisen.

Haltung

Die Unterbringungsmöglichkeit für eigene Ponys zählt zu den Überlegungen vor dem Kauf. Zuerst das Pony und dann Stall und Weide – das kann nicht funktionieren. Es muss zuvor genau bedacht werden,

> **Hinweis**
> Ein Pony einzeln zu halten, ist grundsätzlich tierschutzwidrig, weil dies nicht dem natürlichen Verhalten des Pferdes entspricht. Ein Pony braucht, genauso wie ein großes Pferd, vor allem eine Herde, mindestens aber noch einen Artgenossen, denn ohne das Beziehungsgefüge der Tiere untereinander kann es nicht gesund bleiben.

wo und unter welchen Bedingungen das Pferdchen die meiste Zeit seines Lebens verbringen soll und dies natürlich optimal, sprich: pferdegerecht.

Jeder Ponyhalter möchte verständlicherweise seine Pferdchen immer in seiner Nähe wissen und so taucht der Wunsch nach der Unterbringung direkt am Haus – bei Vorhandensein eines genügend großen Grundstückes – auf. In ländlichen Gebieten lässt sich dieses Vorhaben realisieren, wenn zu einem Bauernhaus mit Scheune ein großer Auslauf genutzt werden kann. Die Scheune kann als Lager- und Geräteraum dienen, Boxen mit Zugang zum bestehenden Gebäude, ein komfortabler Liegebereich und ein Auslauf von den Boxen nach draußen, lassen eine **pferdegerechte Anlage** entstehen; je nach Größe des Geländes und entsprechender Konzeption auch mit zwei getrennten Gruppenauslaufhaltungen für insgesamt vier mittelgroße (Stockmaß etwa 1,55 m) oder sechs kleinere Pferde wie Isländer oder andere Ponys.

Vorab sind Erkundigungen einzuholen, welche baurechtlichen Verordnungen und Vorschriften für die Pferdehaltung an der vorgesehenen Stelle existieren.

Verordnungen zur Pferdehaltung

Jedwede Tierhaltung erfordert ein gewisses Maß an Verständnis und Rücksichtnahme gegenüber den Mitmenschen, denn nicht alle teilen eine solche Tierliebe. Schwierigkeiten genehmigungspflichtiger Art entstehen in der Regel nicht, wenn der Ponystall im Außenbereich eines Wohngebietes, in dem bereits landwirtschaftliche Bausubstanz

Bei einer gemischten Pferdegruppe sollte darauf geachtet werden, dass sich alle Pferde vertragen und nicht eines zu dominant wird. Dies ist besonders wichtig, wenn ein neues Pferd in die Gruppe integriert werden soll.

vorhanden ist, einen sogenannten **Mischgebiet**, erstellt werden soll. Unter bestimmten Voraussetzungen kann eine Pferdehaltung auch in einem Kleinsiedlungsgebiet erlaubt werden und in einem Dorf ist sie nach baurechtlichen Bestimmungen meist ohne Einschränkung möglich.

Ein leer stehender Pferdestall berechtigt nicht ohne weiteres zum Halten von Ponys. Die **Genehmigung** kann versagt werden, wenn ein Ortsteil in bisheriger Mischbauweise nun als reines Wohngebiet ausgewiesen wurde. In einem solchen aber ist bereits die Kleintierhaltung untersagt, weil dadurch Belästigungen anderer Bürger entstehen können. Erst recht gilt dieses Verbot für die Pferdehaltung, da diese nun einmal mit einer unzumutbaren Geruchsentwicklung verbunden sein kann.

Städte und Gemeinden handeln nicht willkürlich bei der Genehmigung oder Ablehnung eines Baugesuchs für einen Ponystall. Bundesbaugesetz, Baunutzungsverordnung und Bauordnung geben ihnen die Rechtsgrundlage.

Hinweis
Vor dem Errichten einer Ponystallanlage sollte sich der Bauherr bei der zuständigen Bauaufsichtsbehörde informieren, ob und in welcher Weise er bauen darf. In kleineren Gemeinden empfiehlt es sich, bei der Gemeindeverwaltung vorzusprechen. Da eine mündliche Zusage bei einer eventuellen späteren gerichtlichen Auseinandersetzung, beispielsweise mit einem neuen Nachbarn, keinen Bestand hat, muss der Bescheid schriftlich erfolgen.

Die im **Bauleitplan** enthaltenen Bestimmungen über die Nutzungsmöglichkeiten der Grundstücke und die Bauordnung bestimmen, ob ein Stallneubau bis an die Grenze des Nachbargrundstücks errichtet werden darf. Der Gesetzgeber regelt auch in der **Bauordnung** die Fragen der Einfriedigung, das Fensterrecht und vieles andere. In einem bisher ungenutzten Stall kann die zuständige Kommunalverwaltung aufgrund bestehenden Baurechts das Halten von Ponys erlauben, wenn bestimmte **Umweltschutzauflagen** vom Ponyhalter eingehalten werden.

Ob ein Ponystall massiv gemauert, aus Betonfertigteilen oder in Holzbauweise errichtet wird, immer bedarf er der Genehmigung durch die zuständige Baubehörde. Zur Erstellung des Bauprogramms sollte man einen **Architekten** beauftragen. Für den geplanten Stallneubau sind die Lage des Projekts, der Verwendungszweck und die Maße anzugeben. Der Bauentwurf, die Baubeschreibung und die sonstigen für den **Bauantrag** notwendigen Unterlagen legt man der Baubehörde zur Genehmigung vor. Wenn der Bauantrag die gesetzlichen Vorschriften berücksichtigt, ergeht die **Baugenehmigung** durch schriftlichen Bescheid. Dieser Bauschein enthält die auch zu beachtenden, möglichen Auflagen beim Bau.

Wenn die Ponys überwiegend im Freien leben, muss ein wind- und regengeschützter Unterstand sowie Trinkwasser zur Verfügung stehen.

Anforderungen an die Haltungsform

Die Haltung eines Pferdes ohne Artgenossen ist nicht verhaltensgerecht und verstößt somit gegen das Tierschutzgesetz. Dieses fordert in § 2, dass ein Tier seiner Art und seinen Bedürfnissen entsprechend angemessen ernährt, gepflegt und verhaltensgerecht unterzubringen ist. Gerne wird als Gegenargument angeführt, dass die alleinige Haltung von Pferden mit artfremden Tieren wie Ziegen und Hunden nicht so schlimm sei, da sie auch starke Bindungen zu diesen entwickeln könnten. Doch das angeborene **Sozialverhalten** von **Pferden** ist artspezifisch und sehr komplex. Deshalb können andere Tierarten, so wie auch der Mensch, kein vollwertiger Ersatz für einen Artgenossen sein. Beispielsweise gewährleistet erst das **Wachehalten** anderer Pferde in der Gruppe die Sicherheit des einzelnen beim Ruhen. Auch soziale Handlungen wie gegenseitige **Fellpflege** oder Insektenabwehr durch Schweifschlagen können, um einige Beispiele zu nennen, nicht von anderen Tierarten in gleicher Weise durchgeführt werden.

Pferde nehmen auf vielerlei Weise Kontakt mit anderen Gruppenmitgliedern auf und sie sind darauf **angewiesen. Die separierte Haltung von Pferden in Boxen mit Paddock** kann nur eine Alternative unter folgenden Voraussetzungen sein: Dies sind, wie in einer vergleichenden Studie von Houpt und Houpt (1989) gezeigt, jederzeit möglicher, freiwählbarer, visueller, olfaktorischer und akustischer Kontakt unter den Pferden. Diesen Bedürfnissen der Ponys wird man am ehesten gerecht mit einem **Offenlaufstall**, einem Aktivstall, oder falls Einzelhaltung aus bestimmten Gründen erforderlich sein sollte, bei der Boxenhaltung mit angeschlossenem Paddock.

Andere Haltungssysteme können den Anforderungen entsprechen, wenn **Defizite ausgeglichen** werden, beispielsweise über täglich mehrstündige Auslaufhaltung oder Weidegang mit anderen Pferden. Immer sollte darauf geachtet werden, dass die Pferde vielfältige Bewegungs- und Beschäftigungsmöglichkeiten haben.

Offenlaufstall und Aktivstall

Die Haltung im Außenklima ist für alle Pferderassen möglich und wird auch allgemein und ganz besonders für die Ponys empfohlen. Hierbei kommt dem Offenlaufstall mit **getrennten Funktionsbereichen** der Anforderung nach artgerechter Ponyhaltung am allernächs-

> **Hinweis**
> Die Haltung eines einzelnen Pferdes mit einer anderen Tierart zusammen darf nur eine Übergangslösung sein. Der Austausch von Pferd zu Pferd muss zumindest über Sicht-, Geruchs- und Hörkontakt stattfinden können. Es gilt als bewiesen, dass isolierte Haltung oder starke Defizite im Sozialkontakt bei Pferden das Auftreten von Verhaltensstörungen begünstigen.

ten. Eine Kombination der Vorteile einer individuellen Boxenhaltung und der artgerechten Offenstallhaltung bietet die Anlage eines Aktivstalles. Die speziellen Vorteile liegen darin, dass durch Fütterungsautomaten eine individuelle **Futterrationierung** möglich ist. Weiterhin sollen **lange Wege** zwischen den Stationen die Pferde zur Bewegung animieren, **Verschiedenartige Untergründe** dienen der Hufstabilisierung und bieten generell Abwechslung. Ganz wichtig sind außerdem großzügige, staubfreie **Ruheräume** mit Raumteilern im Offenlauf- oder im Aktivstall.

Ponys, die sich uneingeschränkt bewegen können, bewirken eine angenehme Ruhe und Gelassenheit innnerhalb der Gruppe. Sie können ihrem Bewegungsdrang nachkommen, dadurch sind sie auch im Gebrauch vernünftig. Außerdem können Ponys in Offenstallhaltung die **Sonne** beliebig auskosten. Das Allerwichtigste neben der sozialen Komponente dürfte doch der gesundheitsfördernde Aspekt sein: Es mangelt ihnen nicht an **Frischluft** und die Lungen der Ponys unterliegen keiner Belastung durch schlechten Stallgeruch oder Staub.

Der Aktivstall mit schattenspendenden Bäumen.
Nr. 1: Ruheraum mit Fressständen für die rationierte Fütterung.
Nr. 2: Verschiedene Untergründe (wie Sand) oder auch einzelne Stangen zur Hufstabilisierung und Abwechslung.
Nr. 3: Raufutterplatz.
Nr. 4: Die Anlage muss gut eingezäunt sein.
Nr. 5: Wasserstelle
Nr. 6: Unterstand
Nr. 7: Genügend breites Weidetor.

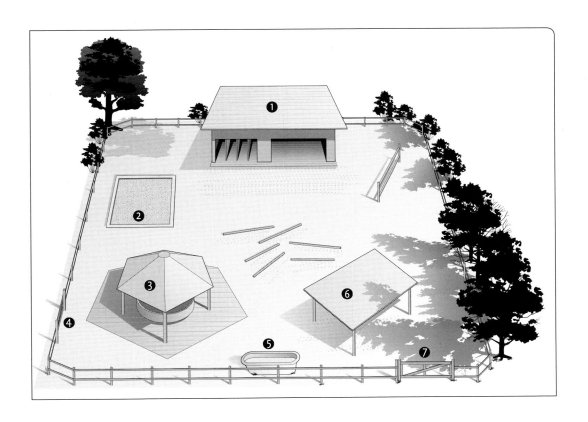

Gruppenzusammensetzung und Platzbedarf

Bei der gemeinsamen Haltung mehrerer Pferde im Offenlaufstall müssen bezüglich der Zusammensetzung der Gruppe einige Aspekte beachtet werden. Wichtigstes Kriterium ist die **Verträglichkeit** der Pferde untereinander. Ponys, Kaltblüter und Araber eignen sich im Allgemeinen gut für die Gruppenhaltung, wobei sich gerade Ponys als oft sehr durchsetzungsfähig zeigen.

Die **Gruppengröße** kann zwischen zwei und 20 Pferden schwanken. Für Kleingruppen, unter zehn Tieren, sollte die **Auslauffläche** mindestens 300 m³ betragen. Gibt es für die einzelnen Tiere in der Gruppe nicht genügend Ausweichmöglichkeiten, sind rangniedrige ständigem Stress ausgesetzt. Dann muss entweder die Gruppe verkleinert oder ihr mehr Raum gegeben werden.

Wenn Kaltblüter integriert sind, sollte schon aus Platzgründen die Gruppe nicht zu groß sein. Bevor **Neuzugänge** eingegliedert werden, muss die bestehende Gruppe in sich sozial sehr stabil sein. Die **Eingewöhnung** neuer Tiere in die Gruppe sollte **stufenweise**, zuerst nur mit Sichtkontakt, dann mit Möglichkeit zur Kontaktaufnahme und schließlich durch freien Zugang zur Gruppe stattfinden. Dies ist die am wenigsten Stress verursachende Methode

Gebäude

Der Boden muss so beschaffen sein, dass er sich für eine möglichst trockene Anlage eignet. Mangelhaft durchlässiger **Boden** muss 30 bis 60 cm tief ausgehoben und mit Grobkies, Asche und Sand aufgefüllt werden. Die Ausführung des Offenstalls wird je nach Geschick des Ponyhalters, der seinen Stall selbst bauen möchte und seinen finanziellen Möglichkeiten variieren. Vollständig ihren Zweck erfüllt eine dreiseitig geschlossene und nach der windarmen Richtung ganz oder teilweise offene Schutzhütte, entweder aus **Mauerwerk** oder in **Holzbauweise**. Vorzüglich zur Umrüstung in einen Pony-Offenstall eignen sich zum Beispiel auch nicht mehr benötigte Baududen.

Wird die **Schutzhütte aus Holz** gebaut, besteht das Gerüst aus Vierkanthölzern, das von außen mit Schwarten – schuppig versetzt – vernagelt wird. Die Innenseite kann man zusätzlich noch mit Hartfaserplatten verkleiden. Wichtig ist, dass keine **Zugluft** durch die Wände dringt. Mehrschichtige Bretterwände bieten ein besseres Isoliervermögen als einschichtige, durch deren Ritzen es leicht zieht. Gegen das Annagen des Holzes stellen engmaschige Drahtnetze, mit denen das für die Pferde erreichbare Holz verkleidet wird, einen wirkungsvollen Schutz dar.

Das **Dach** des Schuppens muss absolut wasserdicht sein und es ist mit einer Regenrinne zu versehen. Wenn es an der offenen Seite einen Meter vorspringt, bietet es zusätzlich Schutz gegen Sonne und Regen. Bei einem größeren Offenstall empfiehlt sich das Einziehen

---

Ein dauerhafter fester Boden mit hoher Belastbarkeit erhält die Gesundheit der Pferde.

einer Zwischendecke wegen der besseren Luftzirkulation. Dort kann Heu und Stroh gelagert werden, aber auch getrennt von der Schutzhütte in einem separaten Raum.

Größe

Die Größe des Offenstalls richtet sich nach der Anzahl der Pferde. Wenn man bedenkt, dass sie in der Bauch- und Seitenlage gerne auch größere Distanzen zu anderen Pferden einhalten, ist ein Offenstall mit 4 m Breite und 3,50 m Tiefe zu klein. Es lassen sich Liegeabstände von zwei bis drei Metern zwischen den liegenden Tieren beobachten. Deshalb muss die Fläche immer so groß bemessen sein, dass das **arttypische Ruhen** in allen Positionen problemlos möglich ist. Das ist dann der Fall, wenn ihre Abmessungen $2 \times Wh^2$ (Wh = Widerristhöhe) entsprechen. Nach Untersuchungen von Zeitler-Feicht und Prantner (2000) scheint eine gemäß der Leitlinien des BMELV (siehe Seite 153) ausreichend groß bemessene Liegefläche nicht zu genügen, um allen Tieren in gleicher Weise ein Ruhen im Liegen zu ermöglichen. **Ranghöhere** Pferde ruhten doppelt oder dreimal so lange in der Bauch- oder Seitenlage verglichen mit **rangniederen**, einige Tiere kamen überhaupt nicht zum Abliegen. Deshalb sollte ein Teil des Stalles möglichst ausschließlich als **Ruheraum** vorgesehen werden. Dieser sollte dann von den Ponys nicht zum Fressen oder als Witterungsschutz aufgesucht werden können.

Das **Dach** der auch der Winterfütterung dienenden Schutzhütten sollte an der windabgelegenen Seite etwa 2,50 m überstehen, wodurch das Anbringen einer Heukiste im trockenen Bereich möglich ist.

Bei der Gruppenhaltung mehrerer Ponys muss der Ein- oder **Ausgang** so breit sein, dass sich auch drängende Tiere nicht verletzten können. Ein zweiter Eingang ist dann nützlich, wenn sich die Pferde beim Herein- und Herausgehen behindern.

Oben: An der Raufutterstation können sich die Fjordpferde nach Bedarf bedienen.

Links: Ein Offenstall mit vorgezogenem Dach, der auch im Winter den Ponys guten Schutz bietet. Die Größe des Offenstalls richtet sich nach der Anzahl der Pferde. Sie sollen nicht nur stehen und fressen können, sondern auch ausreichend Platz für das arttypische Ruhe haben.

Bodenbefestigungen

Für den Auslaufbereich werden als optimale Befestigung Bodengitter empfohlen. Durch ein funktionelles **Drainagesystem** und den festen Verbund der speziellem Bodengitter gehören Matsch, Löcher und Stolperfallen der Vergangenheit an.

Auf eine Sandauflage kann bei dieser Bodenbefestigung verzichtet werden, wodurch sich der Pflegeaufwand auf ein rationelleres Abmisten, welches auch maschinell erfolgen kann, reduziert.

Für die **überdachten Ruheflächen** des Offenstalls wird ein Boden verlegt, der Pferde optimal vor Verletzungen und Kälte schützt, hygienisch, rutschhemmend und schalldämmend ist. Aus Gummigranulat gefertigte, wasserdurchlässige Systeme – verschiedene Gummigranulatmatten sowie Doppel-T-Pflastersteine stehen für diesen Zweck zur Auswahl.

Für den **Stallbereich** gibt es wasserdichte Beläge aus Kunststoff oder Vollgummi. Die Boxenmatten werden in zwei Arten angeboten: eine Gummimatte mit Puzzleverbund und eine Schicht aus Flüssiggummi, die ausgebracht wird wie Estrich und dann aushärtet.

Einrichtungen

Folgende Einrichtungen haben sich in Offenstallanlagen bewährt (siehe auch Seite 57):
- individuelle Fressstände oder im Aktivstall eine automatische Kraftfutterstation
- Raufutterstation,
- beim Aktivstall ein Selektionstor, durch das die Pferde nach Zeit-

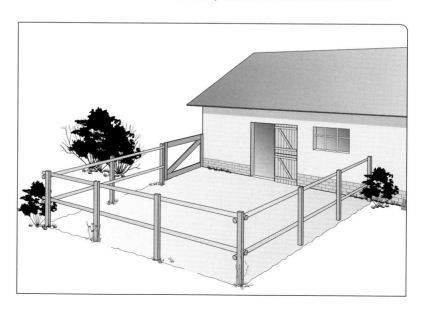

Boxenstall mit Zugang zum Paddock, der als Aufenthaltsort an der frischen Luft gedacht ist – nicht als ständige Auslaufmöglichkeit.

programmierung auf die Koppel können. Pferde mit Huferkrankungen, ältere oder solche, die abspecken sollen, können dadurch optimal kontrolliert werden und dennoch im Herdenverbund bleiben.
- Tränkeanlage,
- Ruheraum,
- Raum zur Eingewöhnung neuer Pferde
- Vorbereitungsraum für verschiedene Aktivitäten, Pflegemaßnahmen, als Sattelplatz und Ähnliches.

Freilandhaltung

Ponys können das ganze Jahr über auf der Weide leben, wenn ihnen entsprechende **Schutzeinrichtungen** zur Verfügung stehen. Darüber hinaus muss ständiger Zugang zu **Wasser** und die Möglichkeit einer **Zufütterung im Winter** gegeben sein.

Zwar haben Ponys eine große Toleranz gegenüber Temperaturschwankungen, eine tiergerechte Haltung schließt jedoch Möglichkeiten zum vorübergehenden **Schutz** vor extremen **Witterungsbedingungen** wie starke Hitze, Schlagregen und vor allem die Fliegenplage ein. Weidehütten müssen bei Bedarf diesen Schutz gewähren. Belaubte Baumgruppen oder ein in den Weidebereich integriertes Wäldchen spenden zusätzlich **Schatten**.

Als **Weidehütten** genügen einfache, überwiegend aus Holz gefertigte Gebäude, die an maximal drei Seiten geschlossen und zu der dem Wind abgewandten Seite offen sind. Im Eingangsbereich ist ein Vordach zu empfehlen. Der Boden der Hütte sollte gegenüber dem Eingangsniveau angehoben sein, damit kein Regenwasser ins Innere laufen kann. Als Bodenbelag dient meist eine Lehmschicht oder Sandschüttung.

Die Weidehütten sollen so groß sein, dass sie allen Pferden gleichzeitig Platz bieten. Je nach Herdenzusammensetzung ist die Fläche mit 3 bis 5 m² pro Tier zu veranschlagen. Für größere Gruppen sind zwei oder mehr Weidehütten vorteilhaft.

Um **Morastbildung** an von den Ponys vielbetretenen Stellen zu vermindern, empfiehlt sich dort das Verlegen von Gitterelementen aus Kunststoff, die zusätzlich übersandet werden können. Morast birgt Unfallrisiken, denn die Pferde können rutschen, und auf Dauer schadet die ständige Feuchtigkeit auch der Hufgesundheit.

Weitere notwendige **Versorgungseinrichtungen** für Wasser und Raufutter sollten wie beim Offenlaufstall oder beim Aktivstall installiert werden (siehe Seite 57).

Pferdegerechte Boxenhaltung

Ungefähr 80 % aller Pferde werden hierzulande noch in Einzelboxen gehalten. Unter dem Aspekt des Sozialverhaltens kann lediglich die

Hinweis
Moderne Boxen sind möglichst offen und hell gestaltet und bieten den Pferden einen guten Sicht-, Geruchs- und Hörkontakt zu ihren Artgenossen und zur Umgebung.

Hinweis
Die ausschließliche Aufstallung in Innenboxen ist keine verhaltensgerechte Haltungsform. Dasselbe gilt für die Außenbox, die den Pferden zwar mehr Umweltreize und Frischluft bietet, sonst aber das arttypische Verhalten stark einschränkt.

Hinweis
Die Größe der Box soll für ein Shetlandpony mindestens 2,50 × 2,20 m, für größere Ponys 3,00 × 3,00 m betragen.

Tab. 1 Zusammenfassung der Richtmaße für die Pferdeunterkunft

	Formel	Pferde (Wh = 1,68 m)	Ponys (Wh = 1,45 m)
Fläche	$(2 \times Wh)^2$	ca. 11 m²	ca. 8,5 m²
Schmale Seite (mind.)	$1,5 \times Wh$	2,50 m²	2,20 m
Trennwandhöhe			
– oben offen	$0,80 \times Wh$	1,30 m	1,10 m
– Oberteil vergittert	$1,30 \times Wh$	2,20 m	1,80 m
– bis oben vergittert	$1,45 \times Wh$	2,40 m	2,00 m
Türenhöhe	$1,3 \times Wh$	2,20 m	1,80 m
Halbierte Tür: Höhe untere Hälfte	$0,80 \times Wh$	1,30 m	1,10 m
Türenbreite		1,20 m	
Krippensohle (Höhe)	$1/3 \times Wh$	0,55 m	0,48 m
Tränke (Höhe)		0,8–1,10 m	
Fensterfläche	$1/10 \times$ Stallgrundfläche		
Stallgasse (Breite)		3,00 m	
Stallhöhe		mind. 3,50 m	

Quelle: Bildungsseminar für die Agrarverwaltung Rheinland-Pfalz

Box mit direkt angeschlossenem Kleinauslauf, dem Paddock, als pferdegerechte Variante der Einzelhaltung angesehen werden. Und dies auch nur unter der Voraussetzung, dass die Pferde stets ins Freie treten und engeren körperlichen **Kontakt zum Nachbarpferd** aufnehmen können.

Das wiederum erfordert, dass befreundete Pferde nebeneinander aufgestallt sind und keine Abgrenzung verwendet wird, an der sich die Tiere verletzen könnten. Wenn sich die Pferde artgemäß verhalten sollen, dürfen die Paddocktüren nicht verschlossen werden.

Moderne Pferdeboxen sind nicht zu vergleichen mit herkömmlichen, bei denen die Pferde in Isolation von ihrer Umgebung stehen und die gänzlich über Aufsatzgitter oder schlimmer noch, über hochgezogene Trennwände geschlossen sind. Es ist bewiesen, dass Pferde dann in erhöhtem Maße zu Verhaltensstörungen neigen, da ihr **Sozial- und Umweltkontakt** zu stark eingeschränkt ist.

Boxenhaltung ist nur dann ausreichend tiergerecht, wenn die bestehenden Defizite ausgeglichen werden beispielsweise über täglichen Auslauf mit anderen Pferden für Bewegung und Sozialkontakt. Auf die **Verträglichkeit** der Pferde untereinander muss auch in der Boxenhaltung Rücksicht genommen werden. Wenn Pferde, die sich nicht vertragen, nebeneinander aufgestallt sind, treten nicht selten Verhaltensweisen wie Schlagen gegen Boxenwände oder Beißen in die Gitterstäbe auf. Solche **Verhaltensauffälligkeiten** sind immer ein Zeichen für eingeschränktes Wohlbefinden oder Stress bei den Tieren.

Wenn es schon notwendig ist, Ponys in geschlossenen Boxen zu halten, beispielsweise wegen Krankheit, Unverträglichkeit oder aus anderen Gründen, müssen einige Mindestforderungen gestellt werden, deren Einhaltung zum Wohle des Ponys dringend nötig sind. Bei etwas Überlegung kostet es allerdings nicht allzu viel, das vollständige Eingesperrtsein des Pferdes in einer Box etwas erträglicher zu gestalten.

Das Pferd als Herdentier fühlt sich sicher nicht wohl, wenn es durch hohe, undurchsichtige Wände von anderen im Stall gehaltenen Pferden nicht nur getrennt, sondern auch des **Sichtkontaktes** beraubt wird. Dies ist laut der Mindestanforderungen für die Haltung von Pferden ohnehin tierschutzrelevant. Pferde, die sich sehen und womöglich beschnuppern können, sind viel umgänglicher und weniger aggressiv gegenüber Artgenossen, was letztlich wieder dem Halter und Reiter zugute kommt.

Ponys können in der Regel nicht problemlos in einem Reitstall für Großpferde eingestellt werden, weil ein Pony durch die für die großen Pferde brusthohen Wände nicht aus der Box herausschauen kann. Sie brauchen für sie passende Maße.

Aus räumlichen Gegebenheiten können nicht für jeden Boxenstall Ausläufe vor den Ställen angelegt werden. Alternativ dazu sollten entweder genügend große (geöffnete!) Fenster dem Pony erlauben, seine Nase in den Wind zu stecken, oder eine nach draußen führende Stalltüre hälftig offen sein.

Gerade in großen Vereins- und auch Privat-Reitanlagen ist es meist so, dass die Fenster aus Angst vor Zugfluft fast das ganze Jahr über geschlossen gehalten werden, eine Boxentür lediglich in die Stallgasse führt.

Für den Reiter mag das alles sicher sehr nützlich sein, doch wurde dabei wirklich auch an das Pferd und sein Wohlergehen gedacht? Nicht von ungefähr leiden viele Pferde an **Atemwegserkrankungen**, was sicherlich auch auf die schlechten Luftverhältnisse in den Stallungen zurückzuführen ist. Und damit die Pferde sich ja nicht zu nahe kommen, trennt man die einzelnen Boxen mit fast deckenhohen Bretterwänden ab.

> **Hinweis**
> Hat ein Ponyhalter einzig die Möglichkeit, sein Pony in einer geschlossenen Box unterzubringen, muss er einen Weg finden, es auf eine Koppel mit anderen Ponys zu bringen.

In kleinen Anlagen für ein oder zwei Ponys wird schon so geplant, dass unmittelbar an die Box ein **Auslauf** grenzt, den das Pony bei jedem Wetter beliebig aufsuchen kann. Und es ist erstaunlich zu beobachten, dass die Ponys allenfalls dem Regen aus dem Wege gehen, aber Schnee und Kälte trotzen. Im Gegenteil: sie wälzen sich so gerne im Schnee, als sei er ihr ureigenstes Element.

Wirtschaftsbereiche

Ob die Ponys in einem geschlossenen oder Offenstall leben, immer sind zusätzliche Räumlichkeiten vonnöten: Heu und Stroh müssen gelagert werden, eine Sattel- und Futterkammer ist vorzusehen, eventuell ein Unterstellplatz für eine Kutsche oder einen Schlitten. Unumgänglich ist die Mist- beziehungsweise Dunggrube.

Wenn ein Pony natürlich auch in seiner Box geputzt werden kann, etwa bei schlechtem Wetter, erweist sich eine wenigstens 3,0 bis 3,5 m breite **Stallgasse** auch sonst von Vorteil. Für den Boden der Stallgasse sind Materialien am besten geeignet, deren Oberflächen hohe Griffigkeit haben, die sich aber dennoch gut reinigen lassen. Geeignet sind raue Asphalte oder profilierte Beläge wie Betonverbundsteine, Hartziegel oder auch Stöckelpflaster aus Hirnholz mit einem entsprechenden Fugenmittel.

Frische Luft

Der Stall selbst sollte weder zu klein sein, weil er sich dann zu stark erwärmt, noch zu groß, denn dann erwärmt er sich im Gegenteil zu schlecht. In beiden Fällen ist der **Luftaustausch** beeinträchtigt. Pferde haben als ehemalige Steppentiere einen hohen Licht- und Frischluftbedarf. Um gesund und funktionsfähig zu bleiben, sind ihre großen, leistungsstarken Lungen auf ständige frische Luft angewiesen.

Werden die Pferde überwiegend im geschlossenen Stallgebäude gehalten, sollte größter Wert auf eine gute **Stallluftqualität** und eine ausreichende Versorgung mit Tageslicht gelegt werden. Sonst sind Erkrankungen, vor allem der Atemwege, und auch psychische Beeinträchtigungen vorprogrammiert. Durch die Luftbewegung im Stall werden Luftschadstoffe ab- sowie Frischluft zugeführt.

Funktionssichere, computergesteuerte Lüftungssysteme ergeben gute Luftverhältnisse im Stall. Fensterlüftung allein, wie sie in den meisten Pferdeställen anzutreffen ist, reicht in der Regel nicht aus. Eine wirkungsvolle und preiswerte Möglichkeit bei schlecht ventilierten Ställen bietet sich, indem man die Fenster aushängt.

Luftaustausch:
Ein 600 kg schweres Pferd braucht 215 m^3 Frischluft pro Stunde; 165 m^3 ein 450 kg schweres Pferd und 90 m^3 für 250 kg.

Hinweis
Den Luftraum, den ein Pony benötigt, hängt ab von seiner Größe, Gewicht und Beanspruchung. Bei Ponys bis 1,20 m rechnet man mit 15 bis 20, bei Ponys bis 1,48 m mit 20 bis 27 m^3.

Hinweis
Untersuchungen haben ergeben, dass bei Boxenhaltung dann Ammoniakkonzentrationen auf unbedenklichem Niveau gehalten werden konnten, wenn täglich mindestens zweimal abgemistet und einmal frisch eingestreut wurde.

Tab. 2 Luftbewegung	
Sommer	0,4–0,8 m/sec
Winter	mind. 0,2 m/sec
Liegefläche	mind. 0,2 m/sec
Luftbewegung über 2,5 m/sec ist zu vermeiden	

Der Luftraum pro Tier im Stall muss ausreichend groß bemessen sein, je Pferd, bezogen auf eine Großvieheinheit (1 GV = 500 kg), mindestens 30 m³ betragen. Den Luftraum, den ein Pony benötigt, errechnet sich aus seiner Größe, Gewicht und Beanspruchung. Bei Ponys bis 1,20 m Widerristhöhe (Wh) rechnet man mit 15 bis 20, bis 1,48 m Wh mit 20 bis 27 m³.

Licht:
Circa $1/10$–$1/15$ der Stallgrundfläche sollte Fensterfläche sein. Bei der Beleuchtung sollten Warmtonlampen von ca. 2,5–3,0 Watt pro m² verwendet werden.

Temperatur
Bei entsprechender Gewöhnung haben die Pferde eine sehr hohe Hitze- und Kältetoleranz und vertragen auch Temperaturschwankungen sehr gut. Selbst bei winterlicher Kälte im Stall frieren gesunde Pferde nicht.

Eine Stalltemperatur, die der Außentemperatur in ihrer tages- und jahreszeitlichen Schwankung – in Extrembereichen jeweils um einige Grade gemildert – entspricht, ist optimal. Gute Versorgung des Stalles mit frischer Luft, Tag und Nacht, ist notwendig, über ein Zuviel an Frischluft braucht sich der Pferdehalter keine Gedanken zu machen.

Im Freien suchen die Pferde gerne zum Ruhen Plätze auf, die dem Wind ausgesetzt sind. Der Wind, die bewegte Luft, trifft dabei großflächig auf den Tierkörper auf, der Körper kann durch seine Regulationsmechanismen damit umgehen. Ein Luftzug im Stall dagegen, der deutlich kälter als die Stallluft ist, übt nur einen kleinflächigen Kältereiz auf den Tierkörper aus und hat nicht den positiven Effekt wechselnder Temperaturreize auf den Körper.

In der freien Natur verträgt das Pferd extrem trockene Wüstenluft genauso gut wie die sehr feuchte Seeluft. Im geschlossenen Stall ist die Luft eher feucht und zusätzlich mit Staub, Krankheitserregern, Schadgasen und anderem angereichert, was chronische Atemwegserkrankungen bei den Tieren begünstigt. Außerdem vermehren sich bei

> Wechselnde Temperaturreize wirken stimulierend auf die Abwehrkräfte der Ponys und dienen so der Gesunderhaltung.

Tab. 3 Temperatur und Wassergehalt der Stallluft				
Lufttemperatur in °C	10	15	20	25
Wasser in g/m³ Luft	9,4	12,8	17,3	23,1

hoher Luftfeuchtigkeit Krankheitserreger, Schimmelpilze und Parasiten leichter.
Die Luftfeuchtigkeit sollte unter 80 % und über 50 % betragen, optimal sind 65 %.

Stallgebäude und Einrichtungen
Der Baugrund für die Errichtung eines Stalles soll trocken sein, damit nicht von Anfang an kostspielige Drainagen notwendig werden. Es ist darauf zu achten, dass der Stalleingang nicht zur Hauptwindrichtung und Wetterseite liegt, was aber nicht heißt, dass Licht, Luft und Sonne nicht ungehindert eindringen dürften. Der Stall soll im Sommer angenehm kühl sein, doch an keiner Stelle zugig. Erwünscht sind ferner mildes Tageslicht und warmes Sonnenlicht, jedoch keine grelle Helligkeit und stechende Sonnenstrahlen.

Als Baumaterialien für den Stall eignen sich Holz, Fachwerk oder andere wärmetechnisch erprobte, neue Stoffe. Ungeeignet hingegen ist Beton für Wände und Decken, da er Kältestaus und Feuchtigkeitsbildung fördert. Um einen trockenen und gut temperierten Pferdestall zu schaffen, bewährt sich immer noch der herkömmliche Ziegelstein.

Böden
Wenn es nicht zu umgehen ist, auf feuchtem Baugrund einen Pferdestall zu errichten, muss dieser Mangel durch eine entsprechende Drainage und eventuelles Höherlegen des Fußbodens, auf den eine Isolierschicht aufzubringen ist, behoben werden.

Der Stallboden muss derart beschaffen sein, dass weder Feuchtigkeit von unten – zum Beispiel Grundwasser – noch von oben, wie Kot und Urin des Pferdes und anfallendes Schmutzwasser, durchdringen können.

Einen ebenfalls warmen und zudem hygienischen und dauerhaften Belag fertigt man aus hochkant auf Kiesbettung eingesetzten und mit Zementmörtel ausgegossenen hartgebrannten Ziegelsteinen. Der Stallfußboden liegt 10 bis 20 cm höher als der Außenboden und schräg zu diesem.

Fenster und Türen
Für gesunde Luft- und Lichtverhältnisse im Stall sorgen Fenster und Türen. Bei der Fensterfläche gilt $\frac{1}{10}$ der Stallgrundfläche als Richtmaß (siehe Tabelle 1 Seite 62).

> **Hinweis**
> Beim Stallbau sind folgende Kriterien zu beachten: Der Stall muss genügend groß, trocken, ausreichend temperiert, hell und luftig sein. Licht, Luft und Sonne sind für das Wohlbefinden der Ponys unerlässlich.

Stallgebäude und Einrichtungen 67

Sollten die Ponys vorübergehend in einem geschlossenen Laufstall untergebracht sein, sorgt der geöffnete obere Teil der zweiteiligen Stalltür für Frischluft, Sonne und die Kontaktaufnahme mit Umwelt und Artgenossen.

Die Fensterrahmen werden wahlweise aus Holz, Eisen oder Kunststoff gefertigt. Im Handel sind auch fertige Fensterelemente, deren Einbau leicht zu bewerkstelligen ist.

Über die **Höhe** der Stallfenster gehen die Meinungen auseinander. Die Angst, das Pferd könnte sich mit dem Kopf beim Einstoßen des Fensters verletzen oder beim Hochsteigen mit den vorderen Hufen das Fenster einschlagen, mag der Grund dafür sein, dass sich die meisten Stallfenster im oberen Drittel der Wand – jedenfalls über Kopfhöhe des Pferdes – befinden. Darüber hinaus soll ein Gitter vor dem Fenster zusätzliche Sicherheit bringen. Diese Maßnahmen sind sicher bei Fohlen und jungen Pferden angebracht.

Dem stehen die Ansichten entgegen, man möge die Fenster so anbringen, dass das Pferd auch einmal hindurch sehen und in geöffnetem Zustand die Nase heraus stecken kann. Besitzer, die ihren Pferden ungehinderten Ausblick nach draußen gewähren, berichten am wenigsten über Unfälle der oben genannten Art. Deshalb bleibt es dem Ponyhalter selbst überlassen, ob er die Stallfenster in einer Höhe anbringt, dass das Pony damit nicht in Berührung kommen kann. Bei Ponys bis 120 cm Stockmaß dürfte dann die Unterkante des Fensters nicht unter 160 cm und bei Ponys bis 148 cm Stockmaß nicht unter 200 cm liegen, oder ob er sich für Fenster in Sicht- oder Blickhöhe des Ponykopfes entscheidet.

Zusätzliches Licht im Stall kann durch Glasbausteine geschaffen werden. Die Fensterfront des Stalles sollte möglichst nach Süden, wenigstens aber nach Südost oder Südwest liegen.

In einem herkömmlichen Stall, beispielsweise einer Reitpension oder eines Reitvereins, muss die Breite der **Stalltüre** Reiter und Pferd nebeneinander soviel Platz verschaffen, dass kein Anstoßen möglich ist. Um seitlich und auch oben nicht irgendwie hängen zu bleiben, sollte die Stalltüre breiter als 1,20 und höher als 2,00 m sein. Sie muss sich nach außen öffnen lassen, um zum Beispiel bei Brandgefahr das Pony herausbringen zu können. Sie sollte abschließbar sein, damit unbefugte Personen den Stall nicht betreten können.

Die äußere Stalltüre sollte doppelwandig sein, um Kälte weitgehend abzuhalten, wobei die Zwischenschicht zusätzlich mit Styropor oder Dachpappe isoliert werden kann. Schiebetüren eignen sich nicht als Außentüren, da sie nicht exakt schließen und die Leitschienen leicht verschmutzen.

Heuraufe

Unter Freilandbedingungen haben die Pferde über die Hälfte des Tages den Kopf gesenkt, um vom Boden Gräser aufnehmen zu können. Damit der Kopf bis zum Boden reichen kann, fressen Pferde in Schrittstellung, das heißt, eine Vordergliedmaße wird stets weiter vorgestellt. Diese **Körperhaltung** begünstigt die Ausbildung einer guten Rückenformation sowie Bauchmuskulatur und optimalen Speichelfluss.

Bei der Raufuttervorlage auf dem Futtertisch sowie bei Fressständen ist daran zu denken, dass der bei der Nahrungsaufnahme übliche Ausfallschritt der Pferde wegfällt. Auch für Ponys ist die Heuraufe so anzubringen, dass sie sich, ohne sich verrenken zu müssen, das Raufutter entnehmen können. Die Fütterung am Futtertisch zum Beispiel mit Hilfe von **Durchfressgittern** hat hygienische Vorteile und ist auch hinsichtlich des Fressverhaltens der Pferde zu bevorzugen.

Zur **Fresszeitverlängerung** dienen stationäre Raufen mit engem Stababstand von weniger als 5 cm oder Heunetze mit geringer Maschenweite (4 × 4 cm). Mit ihnen lässt sich nach Zeitler-Feicht et al. die Fresszeit von losem Heu mit durchschnittlich 40 min/kg in etwa verdoppeln (86 min/kg). Diese sind besonders für Pferde, die zum **Verfetten** neigen, geeignet und ermöglichen auch diesen Tieren, sich längere Zeit mit der Nahrungsaufnahme zu beschäftigen. Sparraufen beziehungsweise -netze sind zu befürworten, sofern das Futter von oben in der natürlichen Kopf-/Halshaltung aufgenommen werden kann.

Bei der Verwendung von Heunetzen sollten die Pferde unbeschlagen sein, um das Risiko, sich mit den Hufen im Netz zu verfangen, zu minimieren. Die früher üblichen, immer noch anzutreffenden, über Widerristhöhe angebrachten Hochraufen erhöhen das Risiko für Atemwegserkrankungen und Augenentzündungen durch herabfallende Futterreste und Staubpartikel. Sie sind tierschutzwidrig.

> **Hinweis**
> Fütterungseinrichtungen müssen Pferden ein Fressen in natürlicher Körperhaltung ermöglichen. Dies kann über eine Raufuttervorlage am Boden oder auf dem Futtertisch erreicht werden.

Futterkrippe

Als Material für die Futterkrippe ist am ehesten glasierter Ton geeignet. Von größerer Haltbarkeit sind Krippen aus geschliffenem Eisenbeton, Gusseisen, feuerverzinktem Stahlblech und schließlich auch solche aus Kunststoff, der auch dem Knabberbedürfnis der Pferde standhalten muss. Da sich Holzkrippen nicht so gut wie die genannten Materialien reinigen lassen und unsaubere Krippen Herde für Infektionskrankheiten sowie auch die Ursache einer Kolik sein können, sollte man sie nicht verwenden. Zudem würden sie von den Pferden angeknabbert und schon bald unansehnlich wirken.

Neben den rechteckigen Futtertrögen gibt es im Handel auch Platz sparende Ecktröge. Kunststoffkrippen dürfen nicht aus gesundheitsschädigendem Material hergestellt sein, weshalb es sich empfiehlt, sie nur im Fachhandel für Stallzubehör zu kaufen.

Die **Größe der Krippe** soll so bemessen sein, dass das Pony beim Fressen mit dem Kopf darüber bleibt und nicht das Futter daneben verstreut. Nach innen überstehende Ränder beugen einem Herauswerfen des Futters aus dem Trog vor. Alle Kanten der Krippe müssen abgerundet sein, damit sich das Pony nicht verletzen kann.
Die Krippe wird so angebracht, dass sich ihre Oberkante in Höhe des Buggelenks des Pferdes befindet. Bei Ponys liegt diese etwa um die halbe Widerristhöhe. Um mehrere Ponys an ihren Futtertrog fixieren zu können, empfiehlt es sich, eine Anbindevorrichtung wie etwa fest verankerte Ringe einzuplanen.

Selbsttränkebecken

Beim Vorhandensein entsprechender Wasserleitungen kann eine Selbsttränkevorrichtung sowohl in der Box eines geschlossenen Stalles als auch bei der Offenstallhaltung verwendet werden. Hierbei haben die Tiere die Möglichkeit, sich nach Bedarf zu bedienen.
Das Tränkebecken sollte sich nicht in unmittelbarer Krippennähe befinden, damit das Pony erst gar nicht versucht ist, zu jedem Bissen einen Schluck zu nehmen und damit auch Futterreste ins Wasser gelangen. Es ist auch für eine gute Verdauung sehr wichtig, dass das Kauen vom normalen Vorgang des Einspeichelns begleitet wird. Die Tränke bleibt sauberer, wenn sie sich abseits der Krippe befindet. Dies ist zugleich aus hygienischen Gründen und für die **Funktionsfähigkeit** der Selbsttränke nötig.

Die Anbringung erfolgt, ebenso wie die Krippe in Höhe des Buggelenkes des Ponys, so dass es ohne Halsverrenkungen bequem Wasser zu sich nehmen kann.

Wenn kein Wasseranschluss vorhanden ist, muss das Wasser für die Tiere mit dem Eimer herangeschafft werden. Dieser wird dann in spezielle Halterungen eingehängt, die es im Handel gibt.

> **Hinweis**
> Raufen mit Senkrechtstäben, bei denen die Pferde das Raufutter seitlich stehend herauszupfen müssen, sind wegen der unnatürlichen Kopf-/Halshaltung weniger zu empfehlen.

Die Einstreu muss weich sein und ein trockenes Lager gewährleisten, so wie diese Stroheinstreu. Sie muss außerdem in der kalten Jahreszeit Wärme geben.

Einstreu

Ob geschlossene Stallhaltung oder Offenstall, immer muss die Einstreu gewährleisten, dass das Lager des Ponys trocken, weich und vor allem in der kalten Jahreszeit weitgehend warm ist. Für das Ponybett stehen verschiedene Materialien zur Verfügung.

Stroh als Einstreu schafft ein trockenes, behagliches und warmes Lager. Es wirkt bei einem kalten Fußboden isolierend und durch die Eigenschaft, Feuchtigkeit aufzusaugen, geruchsbindend und damit luftverbessernd. Da Stroh von den Ponys gerne geknabbert wird, beugt es im weitesten Sinne auch der Langeweile vor.

Das Stroh darf nicht verregnet sein. Wenn es eine goldgelbe Farbe aufweist und geruchslos ist, handelt es sich um gutes Stroh. Das beste Einstreu-Stroh liefert Roggen und auch Gersten- und Weizenstroh wird gerne verwendet. Eine moderne Form der Einstreu sind Strohpellets.

Bei Mangel an Stroh oder wenn das Pony sich all zuviel von seiner Einstreu einverleibt, sollte auf **Sägespäne** zurückgegriffen werden. Sägespäne ergeben ein weiches Lager, aber sie wärmen im Winter

Wichtig

Ob Selbsttränkebecken oder Eimer, es muss sichergestellt sein, dass die Tränkeinrichtung sauber- und im Winter auch frostfrei gehalten wird.

nicht so gut wie Stroh. Man unterscheidet zwischen Wechselstreu und Matratzenstreu. Manche Verfechter der Wechselstreu halten die Matratzenstreu für eine Brutstätte von Bakterien und Keimen. Bei einer mangelhaft gepflegten Matratzenstreu mag das zutreffen, ebenso gilt dies aber auch für eine schlecht gewartete Wechselstreu: Bei dürftiger Reinhaltung des Lagers wird sowohl aus der Wechsel- als auch aus der Matratzenstreu in kürzester Zeit ein Mistbett.

Wechselstreu wird täglich gewechselt und erneuert. Sie kann aber auch als Wochenstreu dienen, wobei die Einstreu eine Woche liegen bleibt. Das erspart aber nicht das tägliche gründliche Ausmisten. Die Einstreu muss geglättet werden und frisches Stroh ergänzt sie wieder. Bei sorgfältiger Ausdüngung und entsprechender Lüftung kann mit der Wechselstreu zweifelsohne das Stallklima erheblich verbessert werden, vorausgesetzt Stroh ist vorrätig. Anders ist es bei Pferden, die sich den ganzen Tag über nicht im Stall aufhalten. Dann wird die saubere Einstreu nach vorn unter die Krippe geschoben, so dass die Box inzwischen gut austrocknen kann. Bevor das Pferd in den Stall zurückkommt, wird die Streu wieder in der trockenen Box verteilt und wo nötig, durch frisches Stroh ersetzt. Bei solcher Haltung ist der Strohverbrauch weniger hoch. Zu bedenken ist noch, dass durch das häufige Streuabtragen natürlich auch viel Mist anfällt, der ja zu lagern und möglichst wieder zu verwerten ist.

Matratzenstreu erweist sich als günstig im Strohverbrauch. Sie muss richtig angelegt und gepflegt werden, um die Stallluft sauber zu halten. Der Boden im Stall muss wasserundurchlässig sein. Eine gute Matratze ist in der Lage, den Urin aufzusaugen und mitsamt den Geruchsstoffen zu binden. Bei schlechten oder unebenen Untergrundverhältnissen wie Kopfsteinpflaster in alten Ställen, kann der Boden durch die Matratzenstreu ausgeglichen werden. Die Matratze muss dann allerdings eine Dicke von mindestens 15 cm aufweisen.

Beim **Anlegen** der Matratze darf nicht mit Stroh gespart und nur gut trockenes, sauberes und einwandfreies Material verwendet werden. Langstroh eignet sich dabei ebenso wie gehäckseltes. Das Stroh muss gut aufgeschüttelt und gleichmäßig bis zu einer Dicke 10 bis 15 cm verteilt werden. Mit der Mistgabel wird es dann festgeklopft und zugleich festgetreten. Dadurch verdichtet und verfestigt sich die Unterlage und nur so kann sie nachher alle Feuchtigkeit aufnehmen. Auf die solcherart präparierte Unterlage kommt dann erst die **Einstreuschicht**. Dazu wird ebenfalls Stroh locker aufgeschüttelt und gleichmäßig verteilt.

Auch andere Materialien können als Unterlage verwendet werden. Die Matratze aus Sägespänen sollte wenigstens 15 bis 20 cm stark sein. Die obere Schicht besteht wieder aus Stroh.

Zweifelsohne ist der **Arbeitsaufwand** für eine Matratzenstreu geringer als der bei täglicher Wechselstreu. Es darf aber nicht angenommen werden, nun könne das **tägliche Ausdüngen** auch entfallen. Kotballen müssen morgens und abends im Stall und überhaupt immer beim Betreten des Stalles entfernt werden. Auch verschmutzte und stark durchnässte Streuteile muss man entfernen und durch frisches Stroh ersetzen. Während dieser Arbeit lässt man die Ponys am besten hinaus in den Auslauf.

Die Unterlage der Matratze darf nach Möglichkeit nicht beschädigt werden. Anderenfalls müsste die gesamte obere Streu abgeräumt werden, um die Unterlage wieder richten zu können. Bei der Matratze aus Sägespänen ist tägliches Ausdüngen ebenfalls vonnöten. Besonders die **nassen Stellen** werden herausgestochen und durch trockenes Material aufgefüllt. Die eigentliche Matratze kann bei entsprechender Pflege bis zu einem halben Jahr liegen bleiben, öfteres Wechseln ist in das Ermessen des Verantwortlichen gestellt und abhängig von der Anzahl an gehaltenen Ponys. Nur während der kalten Jahreszeit sollte die Matratze nicht erneuert werden, da sie jetzt eine fußwärmende Funktion übernimmt.

Auslauf

Ein Auslauf, der direkten Zugang zur Box hat, ist für die Ponyhaltung ideal. Es ist dabei nicht einmal von so großer Bedeutung, dass der Auslauf beachtliche Ausmaße haben müsste. Wichtiger ist, dass das Pony die Möglichkeit hat, sich wann immer es möchte, an der frischen Luft aufzuhalten. Die Breite eines **Paddocks** ist durch die Boxengröße vorgegeben. Die Tiefe sollte möglichst 8 bis 10 m betragen und er sollte teilbefestigt sein.

Natürlich ist ein möglichst geräumiger Auslauf anzustreben. Wenn er mindestens 20 × 40 m misst, kann er sogar als Reitplatz genutzt werden. Da die natürliche Grasnarbe eines Auslaufs ohnehin bald den Ponyhufen anheim fällt, füllt man den Platz mit einer 5 bis 10 cm hohen Kies-Sandschicht auf.

Auf jeden Fall ist auf die **Bodenbeschaffenheit** der Ausläufe zu achten. Ein Boden, der bei Regenwetter tief und schlammig wird, richtet bei den Tieren mehr Schaden denn Nutzen an.

Für einen **befestigten Auslauf** spricht die problemlosere Reinhaltung und Zeitersparnis durch den verkürzten Putzvorgang vor allem dann, wenn das Pony geritten werden soll. Befestigt werden kann der Auslauf einmal durch Verlegen von Betonverbundsteinen oder 40 × 40 cm großen Gehwegplatten aus rau abgezogenem Beton. Dazu muss der Boden vorher spatentief entfernt und eine Lage von etwa 20 cm Kies eingebracht werden. Ein solcher Auslauf sollte wegen Glättegefahr im Winter mit Sand bestreut werden.

Tab. 4 Richtmaße für Paddocks		
Paddockfläche	pro Pferd (Wh = 1,65 m)	pro Pony (Wh = 1,45 m)
2 × (2 × Wh) m²	22 m²	17 m²

Die **Umzäunung** des Paddocks sollte aus festen Materialien wie Stangen oder Rohren gebaut werden und mindestens 1,50 m hoch sein. Lose Einhängung der Stangen mit kurzen Kettenstücken und Knebeln oder Karabinerhaken hat sich als vorteilhaft erwiesen, denn dann können die Stangen bei Bedarf flexibel, entweder beispielsweise für den Zugang von außen oder aber auch die Zusammenlegung von Einzelausläufen umgehängt werden.

Die alleinige Abgrenzung mit einem Elektrozaun ist nicht zu empfehlen, denn dadurch wird der Bewegungsraum verringert, weil die Pferde einen Sicherheitsabstand einhalten. Auch verhindert ein Elektrozaun die Sozialkontakte über den Zaun. Allenfalls ist ein Elektroband mittig zwischen zwei Stangen zur Verringerung der Zaunbelastung tolerierbar.

Wenn die **Fütterungseinrichtungen** getrennt vorgesehen werden, spricht man von einer **Bewegungsbox**. Bei dieser Variante wird das Kraftfutter in der Box, das Wasser im Übergangsbereich von der Box zum Auslauf und das Raufutter an der Außenseite des Auslaufes angeboten. Dadurch erreicht man bei den Pferden eine verstärkte Motivation, den Auslauf mehr zu nutzen und damit sich mehr zu bewegen.

Ein Auslauf kann sich auch etwas vom Stall entfernt befinden. Das bedeutet, dass das Pony keinen direkten Zugang zur Box hat und für das Hin- und Herführen von und zur Box zusätzlicher Zeitaufwand nötig ist. Bei einem abgelegenen Auslauf muss für Schatten spendende Maßnahmen und Schutz vor Regen und Wind entsprechend der Leitlinien des BMELV (siehe Literaturverzeichnis) gesorgt werden.

Weide und Einrichtungen

Bereits bei der Planung sollte eine Weide in unmittelbarer Nähe des Stalles angestrebt werden. Um die nötigen Wege aber möglichst effektiv bewältigen zu können, sollte die Entfernung der Weide zum Stall zumindest nicht zu groß sein.

Wer kein eigenes Weideland nutzen kann, versucht den Ponys Weidegang durch Anpachtung von Gelände zu ermöglichen. Bleiben die Tiere während der gesamten Sommermonate auf der Weide, brauchen sie einen Unterstand, der sie vor Regen und Wind und auch zu starker Sonneneinwirkung schützt.

Auf der Weide sorgt das Abteilen in einzelne Parzellen für gleichmäßige Nutzung. Geilstellen müssen abgemäht sowie mindestens zweimal wöchentlich der Pferdemist abgesammelt werden.

Hinweis
Während der Auslauf lediglich der unbedingt notwendigen Bewegung der Ponys und dem Aufenthalt an der frischen Luft dient, kann es sich auf der Weide auch ernähren.

Während der Zeit des vollen Futterangebotes von Mai bis Juni empfiehlt es sich, einen **Teil der Weide abzutrennen**, damit dort das Futter als Heu geerntet werden kann. Durch diese Maßnahme kann auch einem guten Futterverwerter täglich bedarfsgerecht frischer Grasaufwuchs angeboten werden.

Die Gefahr von **Hufrehe**, die durch leicht fermentierbare Kohlenhydrate (Fruktane) im Gras ausgelöst werden kann, ist jedoch bei geringer Aufwuchshöhe und auf häufig gemähten Weiden sowie bei Frost erhöht. Deshalb sollte man für Hufrehe disponierte Pferde auf Weiden mit überständigem Gras geben und dies nur zu frostfreien Zeiten.

Abteilen einer großen Weide in einzelne Parzellen lässt auch ein gleichmäßigeres Abweiden erreichen. In den Ruhepausen können auch die bevorzugten Gräser wieder nachwachsen und ein Kahlfraß wird verhindert.

Das Problem des Futterüberangebotes stellt sich nicht, wenn vom Beginn der Weidesaison an andere Tiere wie **Rinder oder Schafe** die Weide mit begrasen. Dies kann entweder im Wechsel geschehen oder aber in der Gemeinschaft. Da jede Tierart bestimmte Gräser und Pflanzen bevorzugt oder verschmäht und zudem verschiedene Fresstechniken vorherrschen, kommt die gemeinsame Nutzung einer Weide durch Ponys und Rinder dem entgegen. Dann werden auch die Stellen abgefressen, die die Ponys stehen lassen (Geilstellen). Rinder rupfen mit ihrer Zunge längeres Gras ab, die Ponys weiden kurz und scharf, was auf Dauer der Weide schadet.

Die **Geilstellen** muss man abmähen und vor allem dort den Kot entfernen. Das **Absammeln des Pferdemistes** erfolgt mindestens zweimal wöchentlich, schon um einer **Verwurmung** der Tiere vorzu-

Tab. 5 Besatzdichte bei Pferdeweiden

Art der Beweidung	Pferdetyp	Anzahl Pferde/ha
Nur Beweidung:		
Standweide	Großpferd	1,5–2,5
	Kleinpferd	3,0–5,0
Umtriebsweide	Großpferd	3,0–5,0
	Kleinpferd	5,0–7,0
Beweidung und Heugewinnung:		
Standweide	Großpferd	1,0–1,8
	Kleinpferd	2,0–3,5
Umtriebsweide	Großpferd	2,0–3,0
	Kleinpferd	3,0–5,0
Stute mit Fohlen bei Fuß		Flächenbedarf in ha
Beweidung bei:		
guten Standort		0,5
schlechtem Standort		0,7
geringem Besatz		10

Quelle: nach MÖHLENBRUCH, BOTTERMANN, SCHWITTE, Beruf Pferdewirt

> **Hinweis**
> Besonders gefährlich, weil reich an Fruktanen, ist der erste Aufwuchs auf Weiden mit einem hohen Anteil an Deutschem oder Welschem Weidelgras und Lieschgras. Pferde, die Tag und Nacht auf der Weide verbringen, scheinen Adaptionsmechanismen zu entwickelt und weniger gefährdet zu sein.

beugen. Rinderkot hingegen kann liegen bleiben und ist lediglich auf der Weide zu verteilen.

Da ein Ponybesitzer in der Regel nicht auch gleichzeitig Rinder hält, bietet sich die Möglichkeit an, die Ponys bei einem befreundeten Landwirt mit auf der Rinderweide unterzubringen. Natürlich müssen die Tiere sorgsam aneinander gewöhnt werden. Dazu sollte man die Ponys die ersten Tage begleiten und sie an der Longe halten, bis allmählich der gemeinsame Koppelgang möglich ist. Die Vorteile einer Gastweide für den Ponyhalter gegenüber der eigenen Weide können jedoch nur dann genutzt werden, wenn die Rinderkoppel nicht mit Stacheldraht eingezäunt ist.

Die Weide für das Pony sollte trocken und nicht zu fett sein. Ein lehmiger Sandboden ist sehr geeignet. Schwere, undurchlässige, feuchte Böden müssen über Drainagen entwässert werden, da **feuchte Weiden** einen zu großen Bestand an sauren und nährstoffarmen Gräsern aufweisen. Hingegen bieten **trockene Weiden** überwiegend gehaltvolle Gräser, Kräuter und Kleearten.

> **Hinweis**
> Die Weidefläche pro Weidejahr und Pony beträgt je nach Management mindestens 5000 qm, sofern es sich um eine gute Weide handelt. Bei ärmeren Weiden werden 7500 qm benötigt. Shetlandponys beanspruchen als Weideminimum 3000 qm bei Portionsweideführung, sonst bis 5000 qm.

Bewuchs

Auf einer Ponyweide sollten eine **vielseitige Pflanzendecke** und reichlicher Kräuterbesatz vorhanden sein. Junge Disteln, Kamille, Brennnesseln, Kümmel, Spitzwegerich und Schafgarbe werden von den Ponys gerne aufgenommen. **Kräuter** und Klee besitzen einen höheren Nährstoffwert als die Gräser. Hochwertige und **nährstoffreiche Futterpflanzen** sind Weißklee und Löwenzahn. Als wertvolle **Obergräser** zeichnen sich Wiesenschwingel und Wiesenlieschgras aus, als **Untergräser** Deutsches Weidelgras und verschiedene Rispengräser.

Auf trockenen, trittfesten Weiden wachsen so gut wie keine **giftigen Pflanzen**, die sich lieber auf feuchten, sumpfigen Böden, die für die Ponys als Weide ohnehin ungeeignet sind, ausbreiten. Schwach giftig sind die Hahnenfußarten in grünem Zustand. Die Herbstzeitlose hingegen ist sehr giftig, wegen ihrer Trittempfindlichkeit jedoch auf den Ponyweiden kaum anzutreffen. Dem Pony gefährlich werden können auch Sumpfdotterblumen und Sumpfschachtelhalm. Zu erwähnen sind auch die besonders giftigen Gewächse, die zwar nicht direkt auf der Weide wachsen, mit denen Ponys aber außerhalb konfrontiert werden können. Es sind dies Taxus (Eibe), Akazie, Buchsbaum, Goldregen, Liguster und besonders die Tollkirsche sowie auch Schneeglöckchen, Maiglöckchen und Hyazinthen, Nachtschatten, Jakobskraut und teilweise der Schachtelhalm.

Auf der Weide **ungünstige Pflanzen** sind Großer und Mittlerer Wegerich, Gänseblümchen, Vogelknöterich, Ampferarten, scharfer Hahnenfuß, Rohrschwingel, Knaulgras und Binsen. Diese sollten auf herkömmliche Weise, also dem Wechsel der Weidenutzung durch verschiedene Tiere – Pony, Schaf, Rind – mit nachfolgendem Schnitt, verstärkter Grasdüngung oder durch gezieltes Aushacken getilgt werden.

Neuansaat der Weide

Ist die Weide hartnäckig mit „Unkräutern" durchsetzt, hilft meist nur ein Umbruch mit sofort folgender Neuansaat. Die **Saatmischung** richtet sich nach der **Bodenbeschaffenheit**, für etwas feuchtere Standorte benötigt man eine andere Saatzusammenstellung als für trockene. Der Rat landwirtschaftlicher Fachleute ist bei der Weideansaat unbedingt einzuholen.

> **Hinweis**
> Für alle Standorte eignen sich Deutsches Weidelgras, Wiesenschwingel, Wiesenrispe; speziell für arme, trockene Sandböden ist Rotschwingel geeignet, für feuchte bis nasse Böden (keine stauende Nässe) passt Fioringras. Wegen des Hufreherisikos sollte auf die richtige Gräsermischung geachtet werden.

Als Vorbereitung der Ansaat wird eine **Vorratsdüngung** mit Phosphorsäure und Kali, verbunden mit einer ersten Stickstoffgabe – je nach den örtlichen Gegebenheiten muss auch eine Kalkauffrischung erfolgen – vorgenommen. Während anfangs 60 kg Stickstoff pro ha gegeben werden, nimmt man nach 4 bis 8 Wochen eine weitere Stickstoffdüngung in Höhe von 50 kg/ha vor. Später ist mit den Stickstoffgaben zurückhaltend zu verfahren.

Die jungen Graspflanzen sollen sich rasch entwickeln und durch die Bildung zahlreicher Seitentriebe bald eine dichte **Grasnarbe** entwickeln, die von Anfang an schonend beweidet werden kann. Hierzu eignen sich am ehesten Rinder. Erst danach erfolgt die kurzzeitige Beweidung durch Ponys. Die **volle Nutzung** ist bei ausreichender Düngung nach etwa einem Jahr gegeben.

> **Wichtig**
> Chemische Unkrautvertilgungsmitteln dürfen auf der Ponyweide nur nach Beratung durch einen Fachmann angewendet werden. Besser man sieht ganz davon ab.

Düngung

> **Hinweis**
> Gemäß Landwirtschaftskammer Niedersachsen gut geeignet für die Ansaat fruktanarmer Pferdeweiden Standardmischung G I:
> 10 % Deutschem Weidelgras,
> 47 % Wiesenschwingel,
> 17 % Wiesenlieschgras,
> 10 % Wiesenrispe,
> 10 % Rotschwingel und
> 6 % Weißklee.
> Als Saatgut sollte nur beste Qualität verwendet werden; dann sind 30 kg pro ha ausreichend.

Bei der Ponyweide stehen im Gegensatz zur Rinderweide nicht die Höchsterträge an Futter im Vordergrund, sondern die Qualität spielt die wichtigste Rolle. Dennoch muss für optimalen Ertrag regelmäßig gedüngt werden. Grundsätzlich eignen sich sowohl organische als auch mineralische **Dünger**. Vor der Verwendung von Pferdemist muss allerdings generell gewarnt werden, denn er enthält fast immer Eier oder Larven von Parasiten. Auch wenn der Mist heiß verrottet wurde, überleben bei diesem Verfahren stets einige Wurm-Individuen, da die Temperaturen in den Randzonen der Verrottungshaufen mitunter nicht hoch genug sind, um sie abzutöten. Pferdemist sollte lediglich im Ackerbau oder auf ausschließlich von Rindern genutzten Weiden verwendet werden.

Zur Kontrolle der Nährstoffversorgung empfiehlt sich alle 3 bis 4 Jahre eine **Bodenuntersuchung**. Ergibt sich danach ein ausreichender Kalium-, Magnesium- und Phosphorsäurevorrat, genügt bei reiner Pferdebeweidung mit mäßigem Besatz je Jahr eine Düngung mit
- 80 bis 100 kg/ha Rein-Stickstoff (N)
- 50 bis 60 kg/ha Phosphorsäure (P_2O_5)
- 80 bis 120 kg/ha Rein-Kalium (K_2O).

Wenn im Frühjahr zum Futterausgleich für die Pferde ein Heuschnitt getätigt wird, muss der dadurch entstehende Nährstoffverlust der Weide ergänzt werden. Wann im Einzelnen gedüngt wird, richtet sich nach Art der Nutzung und dem Bedarf der Weidenarbe. Ein Teil der Grunddüngung an Phosphorsäure und Kali sollte schon im Herbst und Winter während der Wachstumsruhe ausgebracht werden und ein Teil während der Vegetationszeit, um eine gleichmäßige Versorgung des Aufwuchses zu gewährleisten. Es ist aber auch möglich, die gesamte Düngung im Verlauf der Vegetationszeit zwischen April und Oktober zu verabfolgen, und zwar dann überwiegend mit NPK-Volldünger.

Einzäunung
Die Ponyweide muss absolut ausbruchsicher sein, einerlei, mit welchem Material die Einzäunung hergestellt wird. Zu groß sind die Gefahren, die durch ausbrechende Ponys für die Tiere selbst und für Menschen entstehen können. Wenn ein Pony zum Beispiel in ein Auto läuft, tröstet es den Pferde- und Pkw-Besitzer wenig, wenn eine Haftpflichtversicherung für den Schaden aufkommt, auch dann nicht, wenn es sich nur um einen Sachschaden handelt.

Unverwüstlich aber teuer ist eine Weidezaunanlage aus **verzinktem Stahlrohr**. Sicher und am häufigsten verwendet ist auch die Einzäunung einer Weide mit **Holz**, wobei an starken Pfosten meist aus Lärche oder Eiche, zur Querverstrebung derbe Fichtenstangen befestigt werden. Ein solcher Zaun schützt die Ponys am ehesten vor Verletzungen. Die in den Boden zu versenkenden Pfostenteile müssen,

---

Bei einer **Grunddüngung im Herbst und Winter** hat sich folgendes Vorgehen bewährt:
- **Zwischen November bis März:**
  4 dt/ha Thomasphosphat
  (15 % P_2O_5) = 60 kg/ha P_2O_5; 3 dt/ha 40er-Kalisalz = 120 kg/ha K_2O.
- **Mitte Juni:**
  1 dt/ha Kalkammonsalpeter
  (26 % N); Anfang Juli: 1 dt/ha Kalkammonsalpeter;
- **Ende August:**
  1 dt/ha Kalkammonsalpeter;
- **Anfang Oktober:**
  1 dt/ha Kalkammonsalpeter, wobei die letzte Stickstoffgabe im Oktober die Grasnarbe vor Einbruch des Winters noch kräftigen hilft und ebenso den Austrieb im nächsten Frühjahr beschleunigt.

Insgesamt werden demnach bei der Herbst/Winter-Grunddüngung 104 kg Rein-Stickstoff verbraucht. Aus der winterlichen Mineralisation steht den Weideböden für den ersten Aufwuchs meistens genug Stickstoff zur Verfügung, deshalb kann die erste Frühjahrsdüngung erst nach zweimaligem Abweiden erfolgen.

Weide und Einrichtungen

> Die Düngung nur **während der Vegetationszeit** geht wie folgt vor sich:
> - **Mitte Mai:**
>   2 dt/ha Volldünger, blau; im Juli:
>   1 dt/ha Kalkammonsalpeter (26 %);
> - **im August:**
>   1 dt/ha Volldünger;
> - **Ende September:**
>   2 dt/ha Volldünger.
>
> An reinen Nährstoffen wurden pro Jahr verabfolgt: 112 kg/ha N, 60 kg/ha P^2O^5, 85 kg/ha K^2O, 10 kg/ha MgO.
> Normalerweise soll Dünger gleichmäßig ausgebracht werden. Bei stark verbissenen Weideteilen düngt man diese aber verstärkt und andere schwächer, was die Stickstoffdüngung in der Wachstumszeit betrifft.

damit sie nicht zu schnell faulen, gut imprägniert werden. Die Befestigung der Eckpfähle geschieht durch seitliche Holzverstrebungen.

Da **Nagen** an Holz oder Rinde dem Normalverhalten der Pferde entspricht, sind bei der Verwendung eines Holzzaunes ständige Ausbesserungsarbeiten vorzunehmen. Um dem Nagebedürfnis der Pferde etwas entgegenzukommen, kann man regelmäßig **frische Äste** und belaubte Zweige von Buchen, Birken, Weiden und Pappeln als Beschäftigung anbieten. Diese „**Knabberhölzer**" sollen jedoch nur in Maßen angeboten werden und nicht als Ersatz für Raufutter dienen.

Weiden in gefährdeten Gebieten und auch bei Hengsthaltungen erfordern eine mindestens auf Widerristhöhe angelegte Umzäunung und zusätzlich einen nach innen abgesicherten **Elektrozaun** im Abstand von einem Meter. In weniger risikobehafteten Weidegebieten ist auch eine Einzäunung mit einem Elektroband möglich. Sicherer hingegen ist eine feste Umzäunung, die mit einer Elektrolitze unterstützt werden kann.

Trennzäune zwischen den Koppeln können niedriger sein. Eine kleinflächige Weide ist immer höher einzuzäunen, weil hier die

Die Umzäunung von Ponyweiden ist ein wichtiges Thema und abhängig von Gefahrenrisiken der Umgebung, wie beispielsweise Straßen. Ein fester Zaun ist allgemein am sichersten. In ländlichen Gebieten kann auch eine weniger solider Einzäunung mit einem Elektroband genügen.

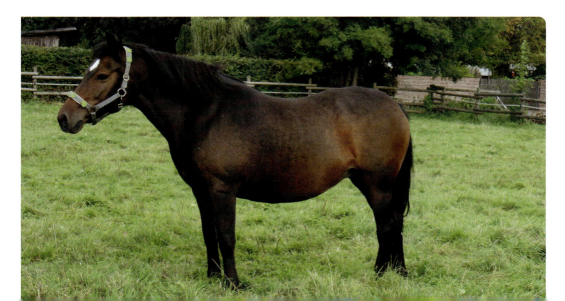

> **Hinweis**
> Die Aufnahme geringer Mengen Holz gehört zum normalen Fressverhalten von Pferden. Kurzfristiges Holzbeißen in bestimmten Erregungssituationen wie zum Beispiel auf Turnieren, ist als Übersprungshandlung zu werten und damit ebenfalls normal.

> **Hinweis**
> Der äußere Weidezaun muss, den Mindestanforderungen entsprechend, 0,9 × Widerristhöhe aufweisen. Bei Ponys ist allerdings eher die Anbringungshöhe der unteren Stange von Belang, denn sie kriechen gerne darunter durch.

> **Hinweis**
> Das Wasser muss stets frisch und Tränken immer funktionstüchtig sein. Tägliche Wartung ist also unumgänglich.

Pferde leichter überspringen als auf einer großen Koppel, die neben viel Bewegungsraum auch genügend Futter bietet.

Das **Weidetor** soll so breit sein, dass landwirtschaftliche Maschinen für die Pflegearbeiten einfahren können. Es sollte sich nach innen öffnen, sodass die Pferde es nicht aufdrücken können. Um das Öffnen durch Unbefugte zu unterbinden, muss es gut verschließbar sein.

Wasserversorgung auf der Weide

Auch auf der Weide muss den Ponys ständig klares, sauberes Wasser zur freien Verfügung stehen. Von allen Haustieren sind Großpferde und Ponys am empfindlichsten gegen schlechtes oder unsauberes Wasser. Tränkgefäße, Tränken und Tränkwasser müssen immer **peinlich sauber** sein. Für viele Verdauungsstörungen – übermäßiger Vermehrung und Verbreitung gefährlicher Magen-Darm-Parasiten, der Würmer – sind häufig verschmutzte Tränken die Ursache. Auch stehende Gewässer bergen das Risiko der Infektion mit Endoparasiten und sind außerdem für Pferde gefährlich, wenn sie keine Uferbefestigung haben. Auf der Weide sind die Tränken so einzufassen und anzulegen, dass sie keine morastigen Brutstätten für Krankheitskeime und Parasiten bilden.

Wo immer eine Wasserversorgung durch Rohre erfolgt, kann eine **Selbsttränkevorrichtung** genutzt werden. Auch ein altes Jauchefass mit Selbsttränke erweist sich als brauchbare Lösung der Wasserbevorratung.

Tränkestellen müssen vor Frost geschützt werden – sowohl auf der Weide als auch im Offenstall. Elektrobeheizte Becken gewährleisten die **Frostsicherheit**. Ist kein Stromanschluss vorhanden, stehen wärmegedämmte Tränken mit einem Verschluss durch einen Klappdeckel oder eine Kugel zur Verfügung, an deren Bedienung sich die Pferde gewöhnen müssen. Der Frostschutz wird bis −20 °C angegeben.

Ein Sockel vor der Tränke beugt dem Bekoten der Tränkeschale durch die Pferde vor. Er verhindert, dass die Pferde rückwärts an die Tränke herantreten. Doch regelmäßige Kontrollen und das Reinigen der Tränke dürfen auch dann nicht vernachlässigt werden.

Im schlechtesten Fall muss das Trinkwasser für die Ponys in Eimern herangeschleppt werden. Die Tatsache, dass ein etwa 145 cm großes Pony innerhalb von 24 Stunden eine **Durchschnittswassermenge** von rund 35 Litern benötigt, lässt die Umrüstung auf eine zeit- und arbeitssparende Lösung der Wasserversorgung sinnvoll erscheinen.

Fütterung

Die Ernährung eines Ponys, das überwiegend im Stall gehalten wird, ist natürlich eine andere als die des Weideponys. Auch spielen der allgemeine körperliche Zustand und besonders die **Arbeitsleistung** eine große Rolle, sowohl bezüglich der Futtermenge als auch der Art des Futters. Hier muss der Ponyhalter seine Tiere gut beobachten, denn auch die einzelnen Individuen verwerten das Futter unterschiedlich.

Gutes Heu und Gras sind die Hauptnahrungsmittel der Ponys und Kleinpferde. **Grünfutter** muss täglich frisch gemäht werden. Mit **Heu** kann ihr Nährstoffbedarf komplett gedeckt werden. Nur wenn sie mehr als eine Stunde am Tag intensiv – die Betonung liegt auf intensiv – arbeiten, kann etwas **Kraftfutter** gegeben werden. Dies gilt beispielsweise für Ponys, die aktiv im Turniersport oder bei Distanzritten genutzt werden. Ansonsten haben Ponys eher das Problem, zu stark zuzunehmen.

Ein Pony bis 120 cm Größe erhält etwa ½ kg Hafer, bei einer Größe bis 130 cm ¾ kg, ist es bis 140 cm groß, wird 1 kg Hafer verabreicht und Ponys und Kleinpferde, die um 140 cm groß sind, erhalten sogar 1 bis 2 kg Hafer.

Dieses Kraftfutter muss in kleinen Gaben über den ganzen Tag verteilt werden. Die größte Futtergabe erhält das Pony abends vor der Nachtruhe. Erfahrungsgemäß ist dies günstiger für den Verdauungsprozess und führt zu einer bessere Ausnutzung der Nährstoffe. Nur ältere Ponys mit schlechtem Gebiss dürfen den Hafer gequetscht erhalten.

Ponys auf der Weide erhalten alle notwendigen Nährstoffe über das Gras. **Mineralfutterergänzung** ist aber trotzdem erforderlich. Wenn es nichts tun muss – bei geringer Arbeitsbeanspruchung also – liefert die Weide das Erhaltungsfutter inklusive dem Leistungsbedarf für ein Pony, bei dem es sich optimal wohl und gesund fühlt.

Es kann vorkommen, dass eine üppige Frühjahrsweide zu viel des Guten bereithält und das leichtfuttrige Pony zu dick wird, was dann die Eignung als Reitpony in Frage stellt. Dem beugt vor allem richtiges **Weidemanagement**, notfalls auch ein zeitweiliges Einstellen vor, wobei sich die Dauer nach dem Ernährungszustand und der geforderten Leistung richtet.

Handelt es sich dagegen um eine nährstoffarme Weide und wird von dem Pony Leistung verlangt, muss Hafer oder Hafermischfutter zugefüttert werden.

Nun ist es aber nicht so, dass Ponys, die das ganze Jahr über Weidegang haben, auch genügend Futter finden. Während etwa sieben Monaten im Jahr benötigen sie zusätzlich Heu. Obwohl Ponys den Wildpferden am nächsten kommen und recht gut imstande sind, sich selbst auf den Winter vorzubereiten und zu schützen, muss ihnen doch der Mensch mit einer rechtzeitig einsetzenden Fütterung hilfreich zur Seite stehen. Wenn Eis und Schnee ein Grasen völlig unmöglich machen, muss die **Heumenge** erhöht werden.

> Das Futter muss sauber und frei von Erde und Schmutz sein. Niemals darf gefrorenes oder faules Futter verabreicht werden. Hochgefährlich ist das Verfüttern von frischem Brot oder mit dem Rasenmäher abgemähtem Gras. Dies führt schnell zur Kolik.

> Obwohl im Handel verschiedenartige Futtermischungen angeboten werden, sind gutes Heu und gegebenenfalls Kraftfutter seit altersher die am meisten bewährten Futtermittel für Ponys.

Heu

Dass das **Heu** von bester Qualität sein muss, sollte selbstverständlich sein. Gutes Heu zeichnet sich durch Wohlgeruch und frische grüne bis blassgrüne Farbe aus. Es ist trocken und enthält keinerlei Schmutzbeimischungen.

Heu von **sauren Wiesen** kann ebenso wie schimmeliges Heu beim Pony eine Kolik verursachen. Nährstoffreiche, mit Süßgräsern, Klee und vielen Kräutern bewachsene und vor der Blüte geschnittene Wiesen ergeben das beste Heu. Verfüttert werden darf das Heu erst, wenn es 3 bis 4 Monate gelagert – durchgeschwitzt – hat. Dann sollte es zunächst in kleinen Gaben oder zusammen mit altem Heu oder gutem Futterstroh verabreicht werden.

In Ballen gepresstes Heu ist vor dem Verfüttern auf schlechte Stellen im Inneren des Ballens zu überprüfen. Es wird gut aufgeschüttelt, bevor es das Pony zum Fressen bekommt. **Luzerneheu** ist mineralstoff- und eiweißreich und daher geeignet zur Ergänzung eiweiß- beziehungsweise kalziumarmer Nahrung.

Grünfutter

Grünfütterung wirkt sich günstig auf die Darmtätigkeit des Ponys aus, Wiesengras, Klee und Luzerne eignen sich dazu. Es ist jedoch notwendig, das Pony allmählich an diese Fütterung zu gewöhnen. Klee hat einen solch hohen Eiweißgehalt, dass die Verfütterung nur mit der zusätzlichen Gabe von kohlenhydratreichen, eiweißarmen Futtermitteln wie zum Beispiel Stroh empfohlen wird. Junges Grünfutter vermischt man mit bis zu 5 cm langem, gehäckseltem Stroh.

Sofort nach der Grünfütterung sollten die Ponys keine Gelegenheit zum Trinken haben. Man muss sie vorher tränken oder erst eine Stunde danach. Besonders gefährlich ist ein Tränken unmittelbar nach Kleefütterung.

Stroh findet vor allem als Einstreu Verwendung, aber auch als Ergänzung zu eiweißreichen Futtermitteln und als Häckselbeimischung zu Hafer zwingt es das Pony zum besseren Kauen und Einspeicheln. Stroh als Nahrungsmittel ist von geringer Bedeutung und der Nährwert beträgt nur etwa $\frac{1}{3}$ des Heuwertes, aber es hat als magenfüllendes, das Futterbudget schonendes **Beifutter** noch einen ganz anderen Nutzeffekt.

Neben Weidegang oder Grünfutter bildet Heu den wertvollsten Bestandteil des Ponyfutters. Ohne dieses Raufutter ist eine Pferdefütterung nicht möglich.

Hinweis
Der Nährwert von Heu ist hoch und es enthält reichlich Vitamine, Mineralstoffe und Spurenelemente. Als Ballastfutter füllt es zudem den Magen des Ponys und gibt ihm das Gefühl der Sättigung.

Faustregel
Ein Pony, das zu regelmäßiger Arbeit herangezogen wird, braucht am Tag pro 100 kg Körpergewicht 1 kg Heu mit entsprechender Kraftfuttergabe. Um der natürlichen Fressdauer der Pferde von 12 bis 18 Stunden am Tag entgegenzukommen, ist es besser, auf Kraftfutter zu verzichten und dafür mehr Heu zu geben. Außerdem sollte Futterstroh zur freien Verfügung stehen.

Tab. 6 Sinnenprüfung bei Heu und Bewertung der Qualität nach Punktzahl		
Kriterium	Eigenschaften	Punkte
Aussehen		
	natürliche Heufarbe, nicht verfärbt	10
	etwas verfärbt oder schwach ausgebleicht	5
	grau, stark ausgebleicht	0
	gebräunt	−5
	schwarzbraun verbrannt oder teilweise verschimmelt oder verschmutzt	−10
	stark verschimmelt oder verschmutzt	−20
Geruch		
	guter Heugeruch	5
	fade bis geruchlos	0
	schwach brandig oder Fremdgeruch	−5
	stark brandig, schwach muffig oder faulig	−10
	stark muffig oder stark faulig	−20
Griff		
	weich und zart, blattreich ohne harte Stängel	10
	etwas härter, blattarm, wenig harte Stängel	5
	rau, sehr blattarm, viele harte Stängel	0
	sperrig, sehr viele verholzte Stängel oder klamm, über 20% Wassergehalt bei gelagertem Heu	−5
	sehr klamm bis nass, über 25% Wassergehalt bei gelagertem Heu	−10
Verunreinigungen	wie Erde, Staub, Grashalme vom Vorjahr, Stroh- und Stallmistreste, Hühnerfedern sowie sonstige fremde Beimischungen	
	frei von Fremdbestandteilen, nur Spuren von Abreibsel und Erde	5
	wenig Verunreinigungen (s. o.), viel Abreibsel, Spuren von Schimmelstaub, keine Milben	0
	starke Verunreinigungen, viel Schimmelstaub, einzelne tote oder lebende Milben	−10
	sehr starke Verunreinigungen, sehr viel Schimmelstaub, viele tote oder lebende Milben	−20
Bewertung	**Güteklasse**	
	sehr gut	30–26
	gut	25–20
	befriedigend	19–14
	minderwertig	13–7
	wertlos bis verdorben	6–1
Quelle: nach MÖHLENBRUCH, BOTTERMANN, SCHWITTE, Beruf Pferdewirt		

Shetland-Pony mit Fohlen. Auf dem Foto sieht man, dass die Weide bereits ziemlich abgegrast ist.

Ponys, denen die Möglichkeit gewährt wird, auf gutem Stroh herumzukauen, neigen viel weniger zu Verhaltensstörungen, die sonst aus Beschäftigungsmangel entstehen, wie Weben, Koppen und andere. Da sehr gefräßige Ponys zuweilen auch das eingestreute Stroh ihres Lagers fressen, muss dieses ebenso gesund und einwandfrei sein wie das Futterstroh. Die Ponys bevorzugen das Stroh von Sommerweizen, Hafer und Weizen, jedoch kann notfalls auch Gerstenstroh gegeben werden. Zum Verhäckseln eignet sich besonders Roggen- sowie auch Hafer- und Weizenstroh. Bei übermäßigem Strohverzehr sollte allerdings in Erwägung gezogen werden, ein anderes Material als Einstreu zu verwenden.

Kraftfutter

Das herkömmliche Pferdekraftfutter ist **Hafer** – ganz, geschrotet oder gequetscht. Letzteren erhalten Ponys mit schlechtem Gebiss. Wenn der Pferdemist sehr viele unverdaute Haferkörner aufweist, ist dies ein Zeichen für schlechtes Verdauen des ganzen Kornes, Quetschen erweist sich hier möglicherweise als empfehlenswert. Der Hafer muss frei von Verunreinigungen jeglicher Art sein; sein Geruch ist nicht stickig und er darf natürlich keinen Schimmel aufweisen. Hafer wird erst nach 3- bis 4-monatiger Ablagerung verfüttert, da sonst die Gefahr von Koliken groß ist. Ein großes und rundes Haferkorn weist den höchsten Energiegehalt auf.

Das Verfüttern von Hafer bei Ponys muss immer im Verhältnis zu ihrer **Arbeitsleistung** stehen. Ein ohnehin temperamentvolles Pony darf – wenn überhaupt – nur vorsichtige Hafergaben erhalten, da es sonst noch übermütiger wird. Im Hinblick auf die Verwendung als Kinderreitpony ist dies gerade nicht erwünscht. Durch den Austausch von Hafer durch andere Futtermittel, deren Kalzium-Phosphor-Verhältnis dann aber ebenso ausgeglichen sein muss, kann das Temperament des Ponys gut gesteuert werden. Hier bietet sich vor allem Weizenkleie an, aber auch Trockengrün, Trockenschnitzel und Rüben können verabreicht werden, wenngleich diese Futtermittel natürlich kein echter Haferersatz sind.

Ein gutes **Ponymischfutter** ist der Reformhafer aus einschlägigen Futtermittelfirmen. Allerdings enthält er gewalzten Hafer, und es muss jedem einzelnen Ponyhalter anheim gestellt bleiben, ob er sein Pony von vornherein an dieses Futter gewöhnen möchte. Die Inhaltsstoffe des Reformhafers sind meist 40 bis 50 % Hafer, Melasse, Weizenkleie, Malzkeime, Leinsamenschrot und Haferschalen und er ist angereichert mit Vitaminen, Spurenelementen und Mineralstoffen.

Sowohl reiner Hafer als auch ein Kraftfuttergemisch, als Fertigfutter im Handel erhältlich, sollten unter Zugabe von etwas trockener **Kleie** oder zwei Handvoll **Häcksel** von Heu oder Stroh gereicht werden. Anderenfalls frisst das Pony vielleicht zu gierig und speichelt infolgedessen das Futter nicht genügend ein, was leicht zu Verdauungsstörungen führt. Weizenkleie, trocken oder leicht angefeuchtet, kann einen Teil der Haferration ersetzen, was sich nervenberuhigend und gesundheitsfördernd auf das Pony auswirkt. Dazu ist das Beifüttern von kalziumhaltigen Mineralstoffen notwendig, da Weizenkleie relativ arm an Kalk ist. Sie zeichnet sich jedoch durch einen hohen Eiweißgehalt aus und ist reich an Vitaminen und Phosphorsäure. Von den Ponys wird dieses wertvolle Futtermittel gerne genommen. Bei säugenden Stuten regt die Gabe von Weizenkleie die Milchsekretion an und es wirkt allgemein verdauungsfördernd.

Sehr gerne fressen Ponys Mash, ein **Diätfutter**, das sich vor allem dann eignet, wenn sie nach Krankheiten besonders aufgebaut werden müssen. Auch während des Haarwechsels und in Zeiten besonderer Beanspruchung empfiehlt sich die Verfütterung von **Mash**. Die Herstellung ist etwas zeitaufwändig: Eine Hand voll Leinsamen wird 24 Stunden eingeweicht und dann gut gekocht (umrühren, sonst brennt er an!) und etwas ziehen lassen; dann siedend über ein Futtergemisch aus gequetschtem Hafer und Weizenkleie geben, durchrühren und mit einem Sack oder Ähnlichem abdecken; nach einigen Stunden noch lauwarm füttern. Wer sich dieser Mühe nicht unterziehen möchte, kann Mash auch bei Pferdefuttermittel-Firmen beziehen.

Wenn möglich regelmäßig, sollte das Pony **Karotten** erhalten. Wegen ihrer Süße fressen die Pferde sie mit Wonne. Karotten sind sehr vitaminhaltig, recht nährstoffreich; sie enthalten aber wenig Eiweiß. Die Mohrrüben sollten schon deshalb auf dem Speisezettel des Ponys stehen, weil sie nicht nur **verdauungsfördernd**, sondern auch auf den Abgang von Würmern einwirken. Möhren werden gut geputzt und von Kraut und grünem Kopf befreit.

Auch **Zuckerrüben** können als Beifutter Verwendung finden und wegen des hohen Zuckergehaltes werden sie von Pferden gerne angenommen. Zuckerrüben müssen gut gereinigt werden, und da sie relativ hart sind, sollte man sie vor dem Füttern etwas zerkleinern. Sie dürfen nur in ganz **kleinen Mengen** gegeben werden, da die Pferde bei zu starker Gabe leicht schwitzen und Durchfall auftreten kann.

Zuckerrüben als Schnitzel verarbeitet, können dem Futter ebenfalls beigefügt werden.

Der sirupartige Rückstand aus der Zuckerrübenverarbeitung – **Melasse** – kann in Verbindung mit Stroh, Kleie, Biertreber und Ähnlichem gereicht werden. Melasse wirkt appetitanregend und fördert die Darmbewegung. Fertigem Mischfutter ist es meist schon zugesetzt, ebenso wie dem Reformhafer. Dass jedes Pferd gern einen Apfel als Leckerbissen mag, weiß sicher auch jeder Ponyliebhaber.

Mineralstoffe

Zur Deckung des Mineralstoffbedarfs haben sich die von Futtermittelherstellern angebotenen **Mineralbeifutter** bewährt. Wichtige Mineralstoffe sind Kochsalz, Kalk und Phosphor. Eisen, Mangan, Kupfer und Jod zählen zu den Spurenelementen, die meist in der üblichen Fütterung genügend enthalten sind. Jod, Aminosäuren, Vitamine und die verschiedensten Spurenelemente liefert Algenmehl.

Neben Äpfeln und Karotten als Belohnung erhält das Pony anstelle von Würfelzucker sogenannte Leckerwürfel, die wertvolle Spurenelemente, Mineralien und Vitamine enthalten. Durch den Zusatz von Traubenzucker sind die Pferde geradezu versessen auf diese Würfel.

Da sehr verschiedenartige Belohnungs- oder Leckereienpellets in sehr unterschiedlichen Zusammensetzungen auf dem Markt sind, wird hier beispielhaft die eines bewährten Präparates wiedergegeben. Die Angaben beziehen sich auf den Gehalt je kg:

Vitamin A (für Sehkraft, Bindegewebe, Widerstandskraft gegen Infektionen) 100.000 I.E.
Vitamin D3 (für Knochenaufbau, fördert den Kalzium-Phosphorstoffwechsel) 8.000 I.D.
Vitamin B1 (für Nervenstärke, Stoffwechsel) 60 mg
Vitamin B2 (für Energie, Verdauung) 100 mg
Vitamin B6 (für Zähne, Nerven, schönes Fell) 30 mg
Vitamin B 12 (für Stoffwechsel, bessere Futterausnutzung, Blutbildung) 300 mg
Vitamin E (für Muskelbildung, Kreislauf, Drüsenfunktion) 1.000 mg
Folsäure (für Blutbildung, Vitalität) 30 mg
Nikotinsäure (für Nerven, Magensalzsäurebildung, Hautorgane) 300 mg
Pantothensäure (für Futterverwertung, Muskelfunktion) 120 mg
Vitamin C (für Leistungssteigerung, Zahnfleisch, Widerstandskraft) 1.500 mg
Vitamin PP (für Vitalität, Verdauung, Nerven) 350 mg
Cholinchlorid (für Wachstum, Knochenbau, Fettstoffwechsel) 850 mg.

> **Wichtig**
> Es sind immer nur so viel Zuckerrübentrockenschnitzel aufzuweichen, wie für eine Mahlzeit zu füttern beabsichtigt sind. Der Quellvorgang muss vor dem Füttern abgeschlossen sein, weil sonst infolge des Nachquellens im Verdauungstrakt schlimme Koliken auftreten können.

> **Wichtig**
> Sämtliche schnell säuernden Futtermittel dürfen erst unmittelbar vor der Fütterung zubereitet werden.

Futterzeiten
Dem verhältnismäßig kleinen Magen des Ponys entsprechend muss die Hauptfütterung auf mindestens drei Gaben täglich aufgeteilt werden. Große Futtermengen auf einmal kann der Magen nicht fassen und verarbeiten. Anzustreben sind deshalb **kleine Mahlzeiten**, wenn möglich auf vier oder sogar fünf Futterzeiten verteilt. Da während der Nacht die längste Futterpause entsteht, erfolgt abends die Hauptfuttergabe, die etwa $2/3$ der Gesamtfuttermenge ausmacht.

Pferde fressen selektiv, sorgfältig kauend und ihre natürliche Nahrung ist energiearm und rohfaserreich; deshalb benötigen sie sehr **lange Fresszeiten** bis ihr Nährstoffbedarf gedeckt ist. Verwilderte Pferde in freier Natur sind ebenso wie Weidepferde etwa 12 bis 18 Stunden des 24-Stunden-Tages mit der Nahrungsaufnahme beschäftigt, wobei die Fressdauer überwiegend vom Nährstoffangebot und der Witterung abhängt. Auch bei noch nicht gedecktem Nährstoffbedarf fressen Pferde kaum länger als 18 Stunden am Tag. Tätigkeiten wie Ruhen und soziale Interaktionen stehen dann im Vordergrund. Das untere Limit der Futteraufnahme liegt bei etwa 12 Stunden.

Die Einhaltung eines Futterplanes richtet sich natürlich nach den persönlichen Verpflichtungen beruflicher oder anderer Art des „Futtermeisters" beziehungsweise der zur Verfügung stehenden Freizeit. Wichtig ist jedoch das regelmäßige Füttern, das heißt, das Futter sollte immer zur gleichen Zeit gegeben werden.

Wenn das Pony frisst, darf es nicht von der vollen Krippe weggezerrt werden, weil gerade zu diesem Zeitpunkt der Ponyhalter Zeit und Lust zum Reiten hat. Dass dann ein Pferd während des Reitens nicht „bei der Sache" sein kann, ist nur verständlich.

Das **Weidepony** beansprucht, was seine Fütterung betrifft, wenig Zeit. Morgens bekommt es noch etwas Heu, abends – sofern erforderlich – sein Kraftfutter, während es sich tagsüber auf der Weide sättigt. Die Futterkrippe sollte grundsätzlich vor und nach dem Füttern sorgfältig gereinigt und alle Reste entfernt werden.

Tränken

Selbsttränken, vor allem solche mit Schwimmermechanismus, begünstigen das **artypische Trinkverhalten** und die Ponys können nach Bedarf Wasser zu sich nehmen. Die Anlage muss regelmäßig auf ihre Funktionsfähigkeit überprüft und sauber gehalten werden. Muss das Pferd jedoch aus dem Eimer getränkt werden, geschieht dies immer vor dem Füttern, also dreimal täglich und zwar satt. Manche Ponys nehmen nach der Raufuttergabe gerne nochmals Wasser zu sich, was aber, wenn vor der Abendfütterung, bei der das Raufutter angeboten wird, satt getränkt wurde, nicht unbedingt nötig ist. Sowohl das Selbsttränkebecken als auch andere Tränkgefäße und

Frische Möhren (Karotten) und Äpfel, gelegentlich auch trockenes Brot, sind in kleinen Mengen als Leckerchen oder Belohnung eine willkommene und gesunde Abwechslung in der täglichen Ponyfütterung.

natürlich das Wasser selbst müssen stets peinlich **sauber** sein, sonst verweigern Pferde das Trinken. Im Gegensatz zu manch anderen Haustieren sind gerade sie hier sehr empfindlich. Zudem bieten schmutzige Tränken eine Brutstätte für Parasiten. Das Trinkwasser sollte keinerlei Geschmacksbeimischungen enthalten.

Vor allem erhitzte Ponys erhalten kein eiskaltes Wasser, eine Temperatur von 9 bis 12°C wird empfohlen, denn Ponys, die nicht gewohnt sind, kaltes Wasser zu trinken, können sich leicht erkälten. Um zu hastiges Saufen, wozu erhitzte Ponys leicht neigen, zu verhindern, lege man eine Handvoll Heu oder Stroh auf das Wasser im Eimer. Die eingelegte Wassertrense hat den gleichen hemmenden Effekt, wenn das Pferd gewohnt ist, damit zu trinken. Auch soll ein erhitztes Pferd nicht satt zu Trinken bekommen. Mit ungefähr zehn Schluck Wasser ist der schlimmste Durst erst einmal gelöscht und erst nachdem Puls und Atmung wieder ruhig geworden und das Fell völlig trocken sind, kann die Wassergabe bis zur Sättigung erfolgen.

Körper- und Hufpflege

Obwohl Ponys zu den pflegeleichten Pferderassen gehören, sind für ihr gesundheitliches Wohlergehen doch bestimmte pflegerische Maßnahmen nötig. Nun ist es aber ein Unterschied, ob ein Pony das ganze Jahr über auf der Weide lebt, beziehungsweise robust gehalten wird, oder ob es vorwiegend im Stall untergebracht ist.

Putzen

Ein Weidepony darf nicht des natürlichen Fettschutzes seines Fells gegen Kälte und Nässe beraubt werden. Zu viel Putzen kann dies bewirken. Die Natur selbst sorgt hier für eine gesunde **Haut- und Fellpflege**. Wenn das Weidepony geritten werden soll, ist ein Putzen aber notwendig. Zunächst wird es vom gröbsten Schmutz befreit, Mähne und Schweif mit der Kardätsche behandelt und per Hand verlesen. Man kann sich das Putzen des Weideponys dadurch erleichtern, dass man es, wenn ein Ausritt beabsichtigt ist, rechtzeitig vorher in den Stall holt, wo der Schmutz abtrocknen kann und dann besser zu entfernen ist.

Ponys, die nicht zur Arbeit genutzt werden, können sich auf der Weide wälzen und anschließend scheuern. Sie haben keine zusätzliche Körpermassage nötig. Aus diesem Grund sollten für das Pony immer **Bäume zum Scheuern** auf der Koppel vorhanden sein, sonst müssen Zaunpfähle dafür herhalten.

Zu starkes und ständiges Scheuern vornehmlich der Schweifrübe kann auch andere Gründe haben. Vermehrtes Scheuern tritt bei starker **Verwurmung** auf, aber auch, wenn das Schweifhaar durch vernachlässigte Pflege verfilzt ist, sowie bei Befall durch Läuse, Milben oder Pilze. Ungezieferbefall mit Spezialmitteln behandeln.

Während der **Wintermonate** darf das dicke Winterhaar nicht durch übermäßiges Putzen entfernt werden, es soll ja dem Pony Schutz vor strenger Kälte bieten. Starken Schmutz kann man mit einem Strohwisch entfernen. Im **Frühjahr** ist allerdings intensives Putzen notwendig, denn das Ausfallen des Winterhaares ist zuweilen von starkem Juckreiz begleitet. Durch tägliches Bürsten kann man dann sehr zum Wohlbefinden des Ponys beitragen.

Zum Putzen des Ponys werden Striegel, Kardätsche, Wasserbürste, Mähnenkamm, Hufkratzer, Hufwasserbürste, Schweißmesser, Bürste zum Einfetten der Hufe und zwei Schwämme benötigt. Ein eiserner Striegel dient in erster Linie dem Abstreifen der Kardätsche. Er kann aber auch bei Verschmutzung des langwolligen Winterhaares verwendet werden, darf jedoch niemals am Kopf, an den Beinen und überhaupt an den nicht mit einem Fettpolster versehenen Körperteilen benutzt werden. Zum Putzen des Ponys eignet sich besser ein Gummistriegel.

Beim Putzen mit der **Kardätsche**, dem Hauptputzgerät, wird diese in die linke Hand genommen und der Striegel in die rechte, da der Putzvorgang auf der linken Seite des Pferdes beginnen soll. Auf der rechten Seite verfährt man dann umgekehrt. Die Kardätsche wird in langen Putzbewegungen von vorn nach hinten geführt, das heißt, mit dem Strich des Haars. Der dabei ausgeführte Druck muss am Kopf und an empfindlichen Körperstellen gemindert werden. Mähne und Schweif werden ebenfalls mit der Kardätsche gebürstet und mit der Hand verlesen. Danach tritt die angefeuchtete **Wasserbürste** in

Mit Striegel und Kardätsche bleibt das Fell des Ponys in guter Kondition. Diesem Haflinger sieht man an, dass ihm das Putzen guttut, er macht einen absolut zufriedenen Eindruck.

Aktion, um das Fell schön glatt zu machen. Ein **Schwamm** dient dem Reinigen der Augen und Nüstern, den anderen benutzt man zum Säubern des Afters.

Ab und zu sind **Mähne und Schweif** mit warmem Wasser und einem milden Waschmittel zu waschen. Wenn es unumgänglich erscheint, dürfen Ponys im Sommer auch eine **Vollwaschung** erhalten. Das Wasser muss lauwarm sein und man verwendet ein im Handel erhältliches Pferdeshampoo. Scharfe Waschmittel würden das Hautfett angreifen, das aber schützt und nicht entfernt werden darf. Das Einseifen geschieht mit einem Kunststoffschwamm und zum Abspülen dient eine Gießkanne. Keinesfalls darf man das Pony mit kaltem Wasser aus der Leitung mit dem Wasserschlauch abspritzen. Nach dem Waschen schabt das Schweißmesser so viel Wasser wie möglich ab, bevor das eigentliche **Trockenreiben** mit einem Tuch beginnt.

Im Sommer schützt man mit einem Fliegenspray, am besten mit natürlichen Wirkstoffen, das Pony vor Fliegen und Mücken. Es ist aber darauf zu achten, dass nichts von dem Spray in seine Augen gelangt. Den Kopf sollte man lieber vorsichtig mit einem spraygetränkten Tuch abreiben.

Ein auf der Weide sehr nass gewordenes Pony, das sich vielleicht noch auf nasser Erde gewälzt hat, kann natürlich so nicht geritten oder gesattelt werden. Es kommt zuerst einmal in den Stall und wird mit Stroh abgerieben und zwar gegen den Haarstrich, um die Nässe nicht etwa hinein zu reiben. Bis zur vollständigen Trocknung wird es etwa eine Stunde lang mit Stroh vom Hals bis zum Schweif eingedeckt. Darauf legt man einen mit einem Gurt befestigten Sack oder eine luftdurchlässige Decke.

Nicht **beschnitten** und möglichst naturbelassen sollten bei Ponys Mähne und Schweif bleiben. Dennoch muss man mit dem Mähnenkamm zuweilen eine gar zu üppig gewordene Mähne gelegentlich ausdünnen. Während beim Islandpony Schopf und Mähne gleichlang sind, wird der Stirnschopf beim Fjordpony gekürzt, aber nur so wenig, dass der natürliche Schutz der Augenpartie erhalten bleibt. Die Mähne des Fjordponys weist in der Länge zwischen stehender und fallender Mähne eine Bogenform auf.

Im Bereich der Fesseln dürfen die Haare nicht beschnitten werden, da sie eine wirksame **Schutzfunktion** gegen Hautverletzungen und -infektionen bilden, ebenso die kurzen Haare um den Schweifansatz herum. Würden sie beschnitten, könnte der an der Kruppe hinab rinnende Regen ungehindert an und zwischen den Hinterbeinen herunter laufen, was auf Dauer eine Erkältung des Ponys zur Folge hätte.

Nach dem Reiten ist dem Pony besondere Aufmerksamkeit zu widmen. Es sollte selbstverständlich sein, das Pony wenigstens die

Körper- und Hufpflege 91

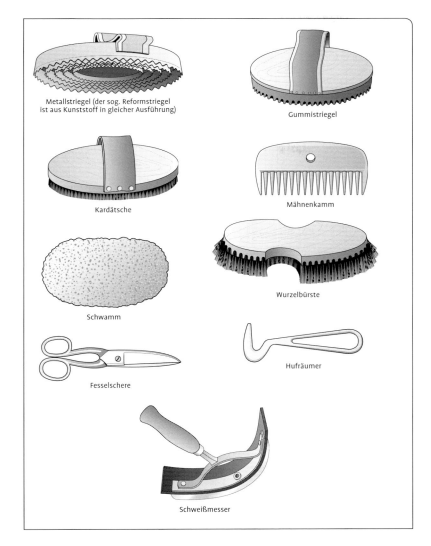

Dies alles gehört in die Putzkiste des Ponyhalters.

letzten zehn Minuten des Heimweges im Schritt zu reiten, trotzdem kann es doch einmal schweißnass zu Hause ankommen. Vor allem im Winter kann mangelhafte Nachversorgung schwerste gesundheitliche Schäden zur Folge haben.

Sowohl das im Stall gehaltene Pony als auch das Auslauf- oder Weidepony vertragen es nicht, nass abgestellt zu werden. Das Stallpony schwitzt im Stall noch nach, wohingegen das sich draußen aufhaltende Pony friert. In jedem Fall lautet die Devise: **Trockenführen und Trockenreiben**. Auf den Ponyrücken gelegte Strohrollen und eine Decke darüber sorgen dafür, dass aufsteigender Dampf durch das Nachschwitzen abziehen kann.

Hufpflege

Um das Pony leistungsfähig zu erhalten, ist eine sorgfältige Hufpflege notwendig. Dazu sollte das Pony möglichst frühzeitig, am besten bereits im Fohlenalter, an das willige **Aufheben** lassen **der Hufe** gewöhnt werden (siehe Seite 112). Nur dann ist später gewährleistet, dass es sich bei der Hufpflege und auch beim eventuell notwendigen Hufbeschlag nicht störrisch verhält. Auch bei dem gut erzogenen Pony, das seinen Fuß sofort gibt, wenn es verlangt wird, sollte man immer dicht seitlich stehen, denn auch ein frommes Pony kann einmal erschrecken und in einem Abwehrreflex mit dem Bein treten. Ganz wichtig ist deshalb bei allem, was das Fohlen lernen soll, viel mit der Stimme und vor allem Lob zu arbeiten, damit es Vertrauen zu Menschen bekommt.

Bereits bei dem Fohlen erfolgt das **Säubern der Hufe** von Stroh, Mist und möglichen Fremdkörpern mit einem Hufräumer mit stumpfer Spitze. Unter leichtem Druck führt man den Hufräumer von den Eckstreben zur Zehe und durch die Strahlfurchen der Hufunterseite. Nach und nach wird das Fohlen durch Beklopfen der äußeren Hornwand, der Tragränder und der Hufsohle auf das spätere Ausschneiden und den Beschlag vorbereitet. Da fehlerhafte Hufformen und Fehlstellungen vom Ponyhalter nicht ohne langjährige Erfahrung zu erkennen sind, sieht der **Hufschmied** alle vier Wochen die Hufe des Fohlens nach und führt nötige Korrekturen durch.

Weidehaltung und die damit verbundene regelmäßige Bewegung kommen der gesunden **Entwicklung des Fohlenhufes** sehr entgegen, wobei ein mäßig eindrückbarer, trockener Boden einen regelmäßigen Huf fördert. Bei Vorhandensein einer korrekten Gliedmaßenstellung nutzen sich die Hufe gleichmäßig ab und es ist keine Korrektur nötig. Anders jedoch bei weichem, feuchtem Boden, der Ursache für weiche Hufe sein kann. Ponys aus Moor- und Marschgegenden besitzen zudem meist flache, breite und auch weiche Hufe, während sich auf hartem, mäßig steinigem Boden kleine Hufe mit einem zähen, widerstandsfähigen und harten Horn entwickeln.

Insofern ist durch die Art der Haltung die Entwicklung des Hufes vorgegeben, wobei ausschließliche Stallhaltung sich besonders negativ auf den Huf auswirkt. Kleine, enge und hornarme Hufe kommen am häufigsten bei Stallhaltung vor. Infolge des Bewegungsmangels nutzt sich das Horn nicht genügend ab. Daraus resultieren lange Zehen, was wiederum zu einer vermehrten Belastung der hinteren Hufabschnitte und besonders der Beugesehne führt. Auch rollen die Trachtenwände ein, und wenn der Strahl verkümmert, entsteht ein **Trachtenzwanghuf**. Außerdem entsteht bei der Stallhaltung häufiger **Strahlfäule**.

Später gehen Putzen und **Hufpflege** des Ponys Hand in Hand. Nach dem Putzen oder nach einem Ausritt steht die Untersuchung

---

Hinweis
Während das Pony frisst, muss jedes Putzen unterbleiben, auch wenn die Zeit einmal sehr knapp ist.

Rechte Seite links: Beim täglichen Saubermachen der Ponyhufe sollte man zugleich einen Blick daraufwerfen, ob der Huf in Ordnung ist.

Rechte Seite rechts: Alle vier Wochen sieht der Hufschmied die Hufe des Fohlens nach und nimmt eventuell nötige Korrekturen vor. Ist das Pferd beschlagen, wird alle sechs bis acht Wochen ein regelmäßiges Umbeschlagen erforderlich.

Körper- und Hufpflege

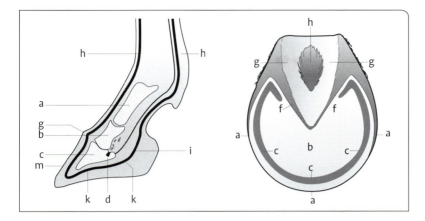

Aufbau des Ponyhufs
Links: Ansicht von der Seite, a = Fesselbein, b = Kronbein, c = Hufbein, d = Strahlbein, g = Kronenwulst, h = Hautwand, i = Hautballen, k = Hautsohle, m = Hornwand. Rechts: Ansicht von unten, a = Hornwand und Tragrand, b = Hornsohle, c = Weiße Linie, f = Eckstreben (Fortsetzung der Hornwand), g = Hornstrahl, h = Strahlfurche.

der Hufe an. Die Strahlfurchen werden mit einem Hufräumer von Schmutz und eventuell eingetretenen Steinchen oder anderen Fremdkörpern befreit. Hornwände und Sohle reinigt man täglich mit Wasser und einer Wurzelbürste. Mitgewaschene Gliedmaßen müssen danach gründlich abgetrocknet werden, weil sich sonst das ablaufende Wasser in der Fesselbeuge sammelt, von dort in die mittlere Strahlfurche gelangt und so wiederum die Strahlfäule begünstigt.

Mit säurefreiem Fett werden die gereinigte Hornwand und die Hornsohle in einer dünnen Schicht eingefettet, um dem gewaschenen Huf die Feuchtigkeit lange zu erhalten. Während Holzteer nur an gesunden Hufen als feuchtigkeitsabweisendes Mittel gerne verwendet wird, ist er bei Strahlfäule nicht zu empfehlen. Der Holzteer würde die Fäulnisprozesse luftdicht abschließen und die Bakterien könnten darunter weiter gedeihen. Vielmehr sollten milde, austrocknende und desinfizierende Mittel wie Jodtinktur und Jodoformpulver zur

Anwendung gelangen. Ebenso hat sich Jodoformäther in Form einer 10 %igen Lösung bewährt, da er in alle Risse und Spalten gut eindringt.

Wenn es die Bodenverhältnisse und die Arbeitsleistung des Ponys zulassen, sollte man es **barfuß** gehen lassen. Ein Pony aber, das sich zum Beispiel meist auf fester Straße bewegen muss, nutzt sein Hufhorn so stark ab, dass ein Beschlag – vielleicht nur der Vorderhufe – nötig wird.

Der **Beschlag** beeinträchtigt den Hufmechanismus und mindert das Hornwachstum. Da sich das Horn an der Zehenwand nicht abnutzt, wird der Huf an der Zehe zu lang. Das Wachstum der Zehe hat schließlich eine unphysiologische Belastung des hinteren Hufabschnittes, der Sehnen und Gelenke zur Folge.

Aus all dem wird ersichtlich, dass eine regelmäßige **Hufkontrolle**, am besten täglich auf das Festsitzen der Eisen, hervorstehende Nieten und darauf, dass der Tragrand des Hufes nicht über das Eisen herausragt. Dann wäre der Beschlag überfällig. Ein Umbeschlagen sollte regelmäßig alle sechs bis acht Wochen erfolgen.

Ponyhufe sind allgemein härter, elastischer und auch wachstumsfreudiger als die Hufe der meisten Warmblüter, Robusthaltung schafft natürlichere Lebensbedingungen, trotzdem kommen manche Ponys, die vielleicht während der Aufzucht keine idealen Bodenverhältnisse nutzen konnten, nicht ohne Beschlag aus. Aber auch mit dem barfuß gehenden Pony kann man auf den Hufschmied nicht verzichten. Seine regelmäßigen Kontrollen und eventuell notwendigen Korrekturen alle sechs bis acht Wochen sind für die Gesundheit des gesamten Bewegungsapparates unumgänglich.

> **Hinweis**
> Strahlfäule ist die Antwort auf mangelhafte Hufpflege und unhygienische Stallverhältnisse.

Gesunderhaltung

Einige Krankheiten des Ponys entstehen durch die Nachlässigkeit des Besitzers und wären bei richtiger Haltung, Pflege und sorgfältiger Beobachtung vermeidbar. Dazu gehören zum Beispiel Satteldruck, Kolik und Kreuzverschlag.

Krankheitsvorsorge
Infektionskrankheiten wie Tetanus, Influenza, Rhinopneumonitis und Virusabort (Herpesviren) sowie Tollwut können durch eine rechtzeitige **Schutzimpfung** verhindert werden.

Pferde sind wahrscheinlich nie völlig frei von **Darmparasiten**. Um den Befall möglichst gering zu halten und ernsthafte Erkrankungen infolge starker Verwurmung auszuschalten, muss das Pferd nach erfolgter **Kotuntersuchung** zweimal jährlich entwurmt werden. Die Kotuntersuchung mehrmals jährlich empfiehlt sich deshalb, weil mit den herkömmlichen Wurmmitteln nicht alle Wurmarten zugleich bekämpft werden können. Die sechs wichtigsten **Wurmarten** sind: Spulwürmer (Ascariden), Palisadenwürmer, auch Blutwürmer genannt (Strongyliden), Zwergfadenwürmer (Strongyloiden), Pfriemenschwänze (Oxyuren), Magenfliegenlarven (Gastrophiluslarven), Bandwürmer (Taenien).

An den Backenzähnen des Ponys können mit der Zeit scharfe Kanten entstehen. Hier ist eine jährliche Zahnkontrolle und möglicherweise Abraspeln der Zähne durch den Tierarzt erforderlich.

Um eine entstehende Krankheit rechtzeitig zu erkennen, ist es nötig, das Pony im Rahmen der mehrmaligen täglichen Versorgung und Betreuung gut zu beobachten. Einige Symptome geben zu Beunruhigung Anlass und der Tierarzt sollte dringend benachrichtigt werden. Solche **Alarmzeichen**, die nicht auf die leichte Schulter genommen werden dürfen, sind: mangelnder Appetit, Futterverweigerung, Teilnahmslosigkeit, Fieber über 38,2 °C, Nasenausfluss, Husten, Schweißausbruch, Bewegungsstörungen, Abmagerung.

Erste Hilfe
Neben dem Erkennen von Krankheitssymptomen ist mitunter bis zum Eintreffen des Tierarztes Erste Hilfe angezeigt. Im Folgenden werden die wichtigsten Maßnahmen kurz beschrieben.

Offene Verletzungen

Bei Verletzungen unterhalb des Vorderfußwurzelgelenkes oder des Sprunggelenkes ist ein Verband anzulegen. Schmutz sorgfältig mit sterilem Gazestreifen abtupfen und Wundrand mit Jodtinktur desinfizieren, nicht aber die Wunde selbst! Mit Verbandmull abdecken. Einige Lagen Watte um das Bein legen und durch Bandage oder Binde fixieren. Der Verband darf weder zu locker noch zu fest sitzen. Zwischen Verband und Hautoberfläche muss man noch einen Finger stecken können. Nur die Haut betreffende Wunden heilen schnell.

Nie die Wunde waschen oder mit Wasser kühlen. Ätzen oder Jodieren der Wunde hemmt die Abwehrkraft des Gewebes – deshalb unterlassen. Die Anwendung von Antibiotika ist bei Bagatellfällen nicht nötig. Der Notverband beschränkt sich auf Stillen der Blutung und Abhalten weiterer schädlicher Einflüsse.

Ballen- oder Kronentritt

Wunde behandeln wie bei offener Verletzung. Gut gepolsterten Watteverband anlegen, der auch Huf und Fesselgelenk einschließt. Tiefer reichende Verletzungen muss in jedem Fall der Tierarzt versorgen.

Verletzungen der Mundschleimhaut

(durch Trensen- oder Kandarengebiss) Spülung mit Kamillenextrakt oder Betupfen mit Jodtinktur.

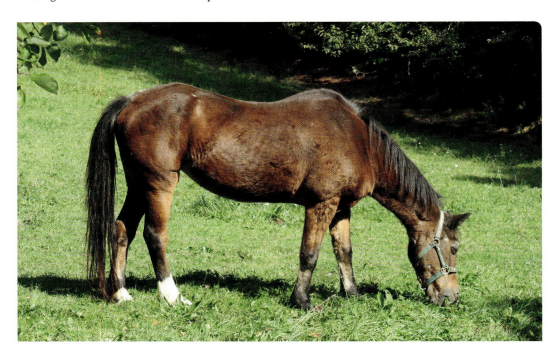

Dass diese Welsh-Cob-Pony-Stute (Sektion D) schon 32 Jahre „auf dem Buckel" hat, spricht für die Langlebigkeit dieser Rasse, aber auch für eine gute Pflege und gesunde Haltung.

Nasenbluten
Kann bei starker Belastung des Ponys auftreten. Meist hört die Blutung nach der Ruhigstellung des Tieres auf. Ansonsten gibt man kalte Umschläge auf Stirn und Nasenrücken.

Überbeine
Im Anfangsstadium können Überbeine mit feuchtwarmen Umschlägen und heißen Bädern (40 bis 50°C) behandelt werden.

Durchfall
Dem Pony darf kein Hafer angeboten werden, nur gutes, langes Heu. Das Wasserangebot ist zu reduzieren, jedoch darf man das Pferd nicht dursten lassen.

Schürfwunden
Schürfwunden leichterer Art können mit Blauspray oder Lebertransalbe zur Abheilung gebracht werden.

Angelaufene Beine
Besonders ältere Pferde bekommen nach längerer Ruhe häufig dicke Beine, die meist nach kurzer Bewegung wieder verschwinden. Vorbeugend wirken über Nacht angelegte feuchtwarme Umschläge.

Bandagendruck
Zu fest angelegte Stallbandagen oder solche, die zu lange nicht entfernt wurden, können so starken Druck erzeugen, dass winzige Hautteile über dem Röhrbein absterben, was eine Schwellung in diesem Bereich bewirkt. Später wachsen dort weiße Haare. Bis die Entzündung abgeklungen ist, sollte ein weicher, mit Rivanol ausgegossener Polsterverband angebracht werden.

Die häufigsten Krankheiten

Darunter fallen sowohl Infektionskrankheiten, Stoffwechselstörungen, Parasiten und Erkrankungen die durch Haltungsfehler entstehen. Diese werden hier in alphabetischer Reihenfolge in kurzen Steckbriefen dargestellt.

Asthmoide Bronchitis
Symptome: Anfallsweise Atembehinderung.
Ursache: Der Erkrankung geht häufig eine Bronchitis voraus. Hauptsächlich allergisch bedingt (Heu-, Hafer-, Strohstaub).
Therapie: Meiden der schädlichen Allergene. Klimawechsel mit ganztägigem Weidegang. Unterbringung in Außenboxen, staub- und allergenfreie Einstreu, zum Beispiel Allpsan Hobelspäne, und Fütterung mit Pellets.

Bronchopneumonie (Lungenentzündung)
Symptome: Husten mit anhaltendem Fieber, Störungen des Allgemeinbefindens wie Fressunlust und Mattigkeit.
Ursache: Verschleppte Bronchitis.
Therapie: Schnellstmögliche tierärztliche Versorgung mit Antibiotika. Absolute Ruhe und frische Luft.

Chronische Bronchitis
Symptome: Anhaltender Husten, der besonders dann auftreten kann, wenn durch Staub die entzündeten Atemwege zusätzlich gereizt werden. Gleiches kann Temperaturwechsel (vom Stall ins Freie) oder Veränderung der Luftfeuchtigkeit (witterungsbedingt) bewirken. Oft husten die Pferde mit chronischer Bronchitis nur am Anfang der Bewegung, manchmal am Ende des Rittes. Zwischendurch beschwerdefreie Tage. Später kommt zum Husten noch Atemnot hinzu.
Ursache: Chronische Bronchitis kann sich aus einer verschleppten akuten Bronchitis entwickeln.
Therapie: Behandlung häufig erfolglos. Besserung durch Klimawechsel und ganztägigen Weidegang über mehrere Monate.

Dämpfigkeit
Symptome: Atembeschwerden, quälender, trockener Husten.
Ursache: Chronischer, unheilbarer Krankheitszustand der Lunge oder des Herzens. Da die Lunge nicht mehr genügend Elastizität aufweist, wird zur Luftausstoßung die Muskulatur der Bauchwand mit in Anspruch genommen, was äußerlich an der sogenannten Dampfrinne zu sehen ist.
Therapie: Dämpfigkeit entzieht sich jeglicher Behandlung. Die Pferde sind nicht mehr belastbar und können nur noch auf der Weide gehen.

Druse
Symptome: Hohes Fieber, schleimig-eitriger Nasenausfluss, starke Schwellung der Kehlgangs-Lymphknoten. Später Lymphknotenabszesse, die durchbrechen. Fieberschübe. Häufig auch Befall der Lymphknoten in der oberen Halsgegend, deren Abszess sich nach innen in den Luftsack entleeren kann. Schluckbeschwerden oder Atemnot treten auf.
Ursache: Die Infektionserreger sind Bakterien, die einen Katarrh der oberen Luftwege und eine Entzündung der Lymphknoten verursachen. Junge Pferde werden häufiger befallen.
Therapie: Tierärztliche Behandlung, heiße Kompressen in der oberen Halsgegend, Zugsalben.
Als Folge der Druse kann eine Stimmbandlähmung (Kehlkopfpfeifen) auftreten!

Fußräude
Symptome: Jenen der Mauke ähnlich. Der Unterschied besteht in der Lokalisation. Die befallenen Stellen befinden sich meist oberhalb der Fesseln.
Ursache: Bei der Fußräude handelt es sich um eine durch Milben verursachte Erkrankung (siehe auch Räude, Seite 104).

Haarbalgentzündung
Symptome: Anfangs als Schwellung in Erscheinung tretende Follikulitis, die sich in den folgenden zwei bis drei Tagen zu einem Knötchen von etwa Erbsengröße entwickelt und welches dann aufplatzt. Nach der Entleerung des eitrigen Inhaltes bleibt eine kleine Narbe. Bricht das Knötchen nicht auf oder auch wenn die Narbenbildung stark ist, kann an dieser Stelle ein Satteldruck entstehen.
Ursache: In der Sattellage ist die Haut durch den ständigen mechanischen Reiz beim Reiten gegen Eiter erregende Bakterien besonders anfällig, wodurch sich die Haarbälge in diesem Bereich am leichtesten entzünden.
Therapie: Vorbeugend: Satteldecken mindestens alle zwei Wochen waschen. Abwaschen der verschwitzten Sattellage mit Wasser und Schwamm oder zweiprozentigem Salizylspiritus, Entzündungen mit feuchtwarmen Kompressen oder essigsaurer Tonerde behandeln.

Hornspalte
Symptome: Trennung des Wandhornes; sie kann durchgehend von der Krone bis zum Tragrand verlaufen oder nur ein Stück vom Tragrand nach oben oder von der Krone nach unten.
Ursache: Austrocknung des Hornes bei mangelhafter Bewegung, Sprödigkeit infolge schlechter Pflege oder nach schneller Gangart auf hartem Boden.
Therapie: Durch eine tiefe Querrinne kann eine von unten sich anbahnende Hornspalte in ihrer Entwicklung behindert werden. Tiefe Hornspalten bedürfen oft einer Hufoperation und eines orthopädischen Hufbeschlages mit Schwebenlassen der betroffenen Hufwand.

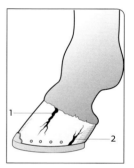

Hornspalten sind Trennungen der Hornwand in der Längsrichtung – meist aus ungleichen Belastungsverhältnissen am Huf resultierend, die oft auf fehlerhaftem Beschlag beruhen. Durch einen sorgfältigen Beschlag kann versucht werden, eine oberflächliche Hornspalte zu beseitigen.

Hufknorpelverknöcherung
Symptome: Lahmheit auf hartem Boden als Folge einer Quetschung zwischen Knorpel und Hufwand.
Ursache: Zugarbeit auf hartem Boden, die ständige Erschütterung des Hufknorpels führt zu dessen Verknöcherung.
Therapie: Dünnraspeln der Seiten- und Trachtenwand; die Verknöcherung selbst kann nicht mehr beseitigt werden. Weite, mit Werg und Leder gepolsterte Eisen oder Stollen können die Lahmheit verhüten.

Huflederhautentzündung
Symptome: Plötzlich auftretende, hochgradige Lahmheit, verstärkte Pulsation der Mittelfußarterie, Schmerzhaftigkeit beim Abtasten des Hufes mittels Hufuntersuchungszange.
Ursache: Infektionen infolge Vernagelung, Nageltritt, Hornspalte oder durch andere Verletzungen der Huflederhaut.
Therapie: Das Horn wird bis zum Entzündungsherd nachgeschnitten, damit der Eiter abfließen kann. Desinfektion durch Verband.

Hufrehe
Symptome: Verlagern des Gewichtes auf die Hinterbeine infolge starker Schmerzen der Vorderhufe. Das Pferd bewegt sich kaum vom Fleck. Gang klamm, Vorderhufe werden auf den Trachten und Ballen belastet. Aufheben eines Vorderbeines fast unmöglich. Deutliche Pulsation an der Mittelfußarterie. Abgeschlagenheit und Appetitlosigkeit infolge hochgradiger Schmerzen, manchmal auch Fieber.
Ursachen: Überanstrengung (Traben auf harten Straßen, langes Stehen auf drei Beinen bei hochgradiger Lahmheit eines Beines), Fütterungsfehler zum Beispiel durch Fruktane im Weidegras (siehe Seite 74, 76), Überfütterung, krasser Futterwechsel, Aufnahme giftiger Pflanzen, aber auch Schwergeburt (Nachgeburtsverhaltung) oder Infektionskrankheiten.
Therapie: Pferd nicht gewaltsam führen. Liegenlassen, wenn es sich im Verlauf der Erkrankung hinlegt. In der ersten Zeit keine Eisen abnehmen und nicht die Sohle ausschneiden. Bis zum Eintreffen des Tierarztes feuchte Hufverbände alle zwei Stunden anzugießen mit Burowscher Mischung oder kaltem Wasser. Wasserentzug.
Folge der Rehe: Senkung des Hufbeins in schlimmen Fällen durch das Sohlenhorn hindurch. Immer Missbildung der Hufe.

Hufrollenentzündung
Symptome: Allmählich und schleichend auftretende Lahmheit. Anfangs gehen die Pferde meist nur die ersten fünf bis zehn Minuten lahm, dann „laufen sie sich ein".
Ursache: Belastung durch stark forcierte Gangarten. Der Abnutzungsprozess wird durch steile Fesseln oder hohe und enge Hufe beschleunigt.
Therapie: Durch einen Nervenschnitt kann das Pferd noch „gebrauchsfähig" erhalten werden, wobei durch die chirurgische Unterbrechung der Nervenversorgung dem Pferd der Schmerz genommen wird. Eine Heilung der Hufrollenentzündung ist jedoch nicht möglich.

Infektiöse Bronchitis (Rhinopneumonitis)
Symptome: In mehr oder weniger großen Abständen auftretender Husten. Zu Beginn der Erkrankung für 2 bis 24 Stunden Fieber.
Ursache: Mit dem Nasenschleim kranker Pferde werden zwei verschiedene virale Erreger, Equine Herpes- und Influenzaviren ausgeschieden, was schnell zur Verseuchung des gesamten Pferdebestandes führen kann.
Therapie: Nach Ausbrechen der Seuche in einem Stall genesen die Pferde im Allgemeinen nach zwei bis drei Wochen, wenn ihnen Ruhe und vor allem frische Luft gewährt werden. Temperatur kontrollieren, da sich aus der Bronchitis eine Lungenentzündung entwickeln kann.
Vorbeugung: Impfung, verseuchte Stallungen evakuieren, Desinfektionsmaßnahmen!

Kehlkopfentzündung
Symptome: Husten, der vom Laien nicht von Bronchitis unterschieden werden kann.
Ursache: Infektion im Kehlkopfbereich.
Therapie: Schonung, Weidegang, tierärztliche Behandlung, da sich die Kehlkopfentzündung ebenso wie ein Katarrh der oberen Luftwege zur Bronchitis ausweiten kann.

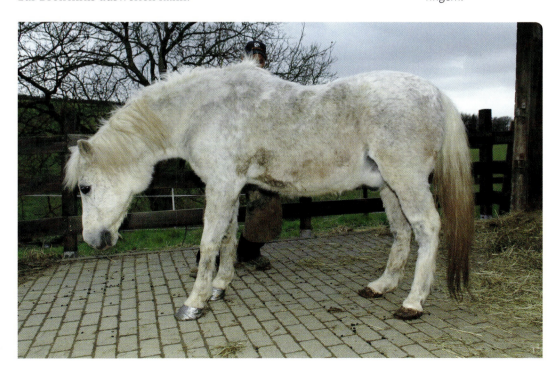

Dieses Pony leidet an Hufrehe – sichtbar an der charakteristischen Rehestellung, durch die es versucht, die Schmerzen zu verringern.

Kniescheibenluxation

Symptome: Das betroffene Bein ist steif nach hinten gestreckt, gebeugt ist nur die Zehe, die beim Gehen nachgeschleift wird.
Ursache: Die Kniescheibe ist über den Höcker des Oberschenkelknochens gerutscht und hakt dort fest. Unter hörbarem Knacken kann sie auch sofort wieder in ihre Ausgangslage zurück gleiten.
Therapie: Zuweilen gelingt das Einrenken schon durch Rückwärtsrichten des Pferdes oder Hinüberschieben auf die kranke Seite. Nötigenfalls muss das Pferd in Narkose abgelegt werden, um so das Einrenken zu bewerkstelligen. Bei wiederholtem Ausrenken muss das Kniescheibenband bei einer Operation durchschnitten werden.

Kolik

Symptome: Stampfen mit den Hinterbeinen, Versuch des Schlagens mit den Beinen gegen den Leib, Scharren mit den Vorderbeinen, zum Bauch sehen, Hinlegen und Wälzen, Schweißausbruch, Versuch, Wasser zu lassen oder zu misten.
Ursache: Magenüberladung, zu wenig Bewegung, Darmlähmung, Verstopfung, Darmaufgasung, Darmverschlingung, Würmer.
Therapie: Bis zum Eintreffen des Tierarztes eindecken, herumführen.

Kreuzverschlag

Symptome: Verkrampfung und Schwellung von Muskelgruppen der Hinterhand, schwankender Gang bis zum Niederbruch, Schweißausbruch, rotbrauner bis schwarzer Harn. Sägebockhaltung.
Ursache: „Feiertagskrankheit", zu viel Futter bei zu wenig Bewegung. Bei dieser Stoffwechselstörung reichert sich Glykogen in den Muskeln an und dadurch kann nicht genügend Sauerstoff für den Muskel bereitgestellt werden. Der Sauerstoffspeicher Myoglobin geht über die Niere in den Harn über und färbt ihn rotbraun.
Therapie: Lebensgefahr! Sofort Tierarzt verständigen. Bis zu dessen Eintreffen Kruppenmuskulatur kräftig mit Kampferspiritus massieren. Beim Festliegen von einer Seite auf die andere wälzen zur gleichmäßigen Durchblutung der Hinterhand.

Lidbindehautentzündung

Symptome: Schleimiger, später auch eitriger Augenausfluss, Rötung und Schwellung der Bindehaut und Lichtscheue.
Ursache: Entzündung durch starke Staubentwicklung, schlechte Stallluft oder im Sommer Fliegenbelästigung oder auch Equines Herpesvirus Typ 2 (EHV 2). Auch kleine, fast unsichtbare Hornhautverletzungen sind von einer Lidbindehautentzündung begleitet.
Therapie: Eine Lidbindehautentzündung oder Augensalbe behandeln. Tierarzt befragen, ob kein ernsthafter Hintergrund vorliegt.

Mauke
Symptome: Haut in der Fesselbeuge anfangs gerötet, feucht und manchmal Bläschen aufweisend. Später Krusten und Risse.
Ursache: Schlechte Pflege, feuchte und schlechte Einstreu. Das immer noch nach dem Reiten häufig praktizierte Abspritzen der Beine ist einer Mauke dann förderlich, wenn anschließend die Fesselbeuge nicht gut abgetrocknet wird.
Therapie: Abstellen der Ursache im Anfangsstadium. Neutrale abdeckende Salben. Bei Nichtabheilen in kurzer Zeit Antibiotika-Kortison-Salbe. Die Mauke darf nicht auf die leichte Schulter genommen werden, denn wird sie vernachlässigt, kann sie zur Schwellung des ganzen betroffenen Beines führen.

Periodische Augenentzündung (Mondblindheit)
Symptome: Anfallsweise geschlossene Augenlider, Augenausfluss, Lichtscheuheit. Es ist eine Lidbindehautentzündung und eine rauchige Trübung der Hornhaut festzustellen. Bei den ersten Anzeichen dieser Erkrankung ist der Tierarzt zu verständigen.
Ursache: Von der alleinigen Ursache einer Infektion durch Leptospiren ist man etwas abgekommen; vielmehr wird inzwischen eine spezifische Allergie angenommen.
Therapie: Ein unbehandelter akuter Anfall dauert in der Regel ein bis zwei Wochen. Nach vermeintlicher Gesundung tritt nach wochen- oder monatelanger Pause ein erneuter Anfall ein, dem weitere folgen. Durch Verklebungen der Regenbogenhaut mit der Linse und der Bewegungsunfähigkeit der inneren Augenbereiche erblindet das Pferd auf dem betroffenen Auge. Oft folgt der Erkrankung des einen Auges die des anderen nach.

Phlegmone (Einschuss)
Symptome: Kann über Nacht auftreten. Pferd steht mit einem dicken Bein im Stall, zeigt starke Lahmheit und hat meistens Fieber. Die Schwellung reicht vom Huf aufwärts über das Vorderknie oder das Sprunggelenk und ist gegenüber dem gesunden Gewebe deutlich abgesetzt. Hinterbeine anfälliger für Phlegmone.
Ursache: Einschuss im Anschluss an oberflächliche Wunden, Kronentritte, Strahlfäule oder kleinere Stichverletzungen mit Eintritt von Bakterien.
Therapie: Rechtzeitig Tierarzt rufen. Dieser verordnet Antibiotika, Kampfersalbe, Prießnitzumschläge. Bei verschlepptem Verlauf kann eine Schwellung am Bein zurückbleiben.

Pilzerkrankungen (Mykosen)
Symptome: Zunächst kleine unscheinbare Stellen im Haarkleid, die keine Beschwerden verursachen. Am häufigsten tritt beim Pferd die

Glatzflechte auf; Unterarten dieses Pilzes sind auch auf den Menschen übertragbar. Haarausfall in fast kreisrunder Form, Borken und Schuppen. Die betroffenen Stellen dehnen sich mit der Zeit immer weiter aus.
Ursache: Pilzbefall.
Therapie: Medikamentös, kann sich über mehrere Wochen erstrecken. Durch großflächige Hautveränderung wird die Leistungsfähigkeit des Pferdes beeinträchtigt.

Räude
Symptome: Starker Juckreiz, nässender Hautausschlag mit Haarausfall. Ausgangspunkt der Räude ist die Haut unter der Mähne und am Schweifansatz. Zum Glück kommen die Räudeerkrankungen in unseren Breiten nur noch selten vor; sie sind hochgradig ansteckend, die *Sarcoptes*-Räude ist sogar auf den Menschen übertragbar.
Ursache: *Sarcoptes*-, *Psoroptes*- und *Chorioptes*-Milben.
Therapie: Die Behandlung ist heutzutage relativ einfach. Es sollte ihr eine Wurmuntersuchung vorausgehen; anschließend ist eine vitamin- und mineralstoffreiche Fütterung des Pferdes indiziert.

Satteldruck
Symptome: Entzündung in der Sattellage, Rötung und Schwellung der Haut, haarlose Stelle, Schmerzhaftigkeit.
Ursache: Schlecht angepasster Sattel, schiefer Sitz des Reiters, ungleichmäßig aufliegender Sattel, nicht glatt aufliegende Satteldecke, schlecht gepflegte Sattellage, schmutzige Filzdecke.
Therapie: Essigsaure Tonerde oder feuchtwarme Umschläge heilen einen nicht infizierten Druck rasch aus. Infizierte Wunden sind mit Lebertran- oder Antibiotikasalben zu behandeln.

Sehnenentzündung
Symptome: Bluterguss und Entzündungsvorgänge. Bei den früheren Arbeitspferden zum Beispiel unter Tage war besonders die tiefe Beugesehne der Vordergliedmaßen betroffen.
Ursache: Reißen von Sehnenfasern als Folge mechanischer Überanstrengung.
Therapie: Im akuten Stadium kühlen und sofortige Freistellung von jeglicher anstrengenden Arbeit.

Sommerekzem
Symptome: Starker Juckreiz, das Pony scheuert sich bis aufs Blut. In leichten Fällen sind Mähne und Schweif betroffen, in schweren Fällen die gesamte Haut. Besonders prädestiniert dafür sind Nordland- und Islandponys. Oft tritt die Ekzemveranlagung erst nach Jahren auf.

Ursache: Der häufigste Auslöser ist die *Colicoides*-Mücke, auf deren Stich die Pferde sehr stark allergisch reagieren.
Therapie: Von der Gabe von Langzeit-Cortison-Präparaten ist man inzwischen abgekommen, da sich eine Reihe von Medikamenten und Pflegemitteln mit geringeren Nebenwirkungen anbieten.

Strahlfäule
Symptome: Fauliges Aussehen des Strahles, weiche Konsistenz und übler Geruch.
Ursache: Mangelnde Hufpflege, schlechte Stallverhältnisse, ungenügende, nasse Einstreu, schlechtes Ausmisten.
Therapie: Tägliche Reinigung der Hufe, tadellose Einstreu. In leichten Fällen Anstreichen des Strahls mit Holzkohlenteer. In fortgeschrittenem Stadium mit Jodtinktur getränkte Watte in die seitliche und mittlere Strahlfurche drücken oder Eindrücken von Kupfersulfat mit Watte in die Strahlfurche.

Tetanus
Symptome: Leichte Steifheit des Ganges, starrer Gesichtsausdruck, Vorfall des dritten Augenlides, der beim Kopfheben in Erscheinung tritt. Allmählich Starrheit der Kaumuskulatur, Schwierigkeiten beim Fressen und Saufen. Starrheit der übrigen Skelettmuskulatur im weiteren Verlauf, sägbockartige Haltung, kaum noch Bewegungsmöglichkeit. Schweif steif getragen und vom Körper abstehend. Abmagern infolge schlechter Futteraufnahme im fortgeschrittenen Stadium. Bauch leicht aufgeschürzt mit verkrampfter Bauchmuskulatur. Zunahme der Verkrampfung. Pferde fallen schließlich um. Muskelkrampf so stark, dass Wirbelsäule bricht. Tod tritt bei allgemeiner Erschöpfung und durch Kreislaufversagen ein.
Ursache: Wundinfektionskrankheit. Wird durch Bakterien, die im Erdboden vorkommen, auf dem Wege einer Wundinfektion ausgelöst. Kleinste Wunden können zur Infektionspforte werden. Manchmal ist die Wunde schon verheilt, bevor die Krankheit zum Ausbruch kommt.
Therapie: Tierarzt sofort benachrichtigen, Therapie solange Pferd noch stehen kann. Sterblichkeitsrate bei 70 bis 80 %. Bei Schluckbeschwerden evtl. künstliche Ernährung.
Vorbeugen durch Impfen!

Überbeine
Symptome: Knochenauflagerungen oder -wucherungen.
Ursache: Meist Folge einer chronischen Knochenhautentzündung.
Therapie: Frische Überbeine können mit feuchter Wärme und zerteilenden Salben behandelt werden, ausgeprägte Überbeine lassen sich nur noch operativ korrigieren.

Die Stallapotheke

Diese Notapotheke bewahrt man außerhalb des Stalles in einem staubfreien, trockenen Raum auf. Die Telefonnummer des behandelnden Tierarztes sollte immer in der Nähe und gut sichtbar vermerkt sein.

In regelmäßigen Abständen müssen die Medikamente in der Stallapotheke auf ihr Verfallsdatum überprüft und gegebenenfalls aussortiert werden. Eine beigelegte Liste, in der man das Datum der Überprüfung einträgt, hilft, den Überblick zu bewahren.

Zum innerlichen Gebrauch
- Medizinische Kohle, pulverisierte Eichenrinde gegen Durchfall
- Glaubersalz, Leinsamen zur Anregung der Darmtätigkeit
- Entwurmungsmittel (verschreibt der Tierarzt)
- Vitamin-Mineralstoffmischung

Zum äußerlichen Gebrauch
- Jodtinktur
- Antibiotikaspray (z. B. Blauspray)
- Kamillosan
- Rivanolpulver oder -tabletten, für desinfizierende Angussverbände
- Lebertransalbe, für oberflächliche Schürfwunden
- Vaseline
- Alaunlösung zur Blutstillung
- Alaunpulver, für schlecht heilende, stark wuchernde oberflächliche Wunden
- Kampfer- oder Ichthyolsalbe zur Förderung der Durchblutung
- Burowsche Mischung für kühlende Angussverbände
- Holzteer
- Kupfersulfat in Pulverform oder Lösung für Strahlfäule
- Desinfektionsmittel für Hände und Stall
- Zink-Lebertranpaste zur Behandlung von Wunden und Ekzemen
- Sulfonamid-Lebertransalbe bei infizierten Wunden, Panaritien und ekzematösen Hauterkrankungen

Verbandmaterial
- Watte
- Klebeband
- Mullbinden
- elastische Bandagen
- saubere leere Säcke für den Hufverband

Instrumentarium
- Fieberthermometer
- Pinzette

- Hufmesser
- Hufuntersuchungszange
- Schere
- saubere Plastikeimer

Impfen und Entwurmen

Zur Gesunderhaltung des Ponys gehört das mehrmalige Entwurmen im Jahr und eine vorbeugende Impfung gegen Pferde-Influenza und Tetanus. Ein zuverlässiger Impfschutz gegen Tetanus wird im Abstand von vier bis acht Wochen erreicht. Nach einem Jahr muss eine Wiederholungsimpfung erfolgen, später genügt die Auffrischung des Impfschutzes alle zwei Jahre. Bei der Pferde-Influenza erfolgt – je nach Impfstoff – die Grundimmunisierung im Abstand von vier bis sechs Wochen, eine dritte Impfung nach sechs Monaten. Wiederholungsimpfungen erfolgen dann im Abstand von sechs bis neun Monate nach der dritten Impfung.

Das Pony erhält einen Impfpass, in dem die Grund- und Auffrischungsimpfungen eingetragen werden und aus denen sich die Termine für die Nachimpfungen ergeben.

Impfschema
Grundimmunisierung

Rhinopneumonitis, Virusabort, Equine Herpesviren Typ 1 (EHV 1)
entweder
ab 2. Lebensmonat: 2 Impfungen im Abstand von 3 bis 4 Monaten
oder
ab 4. Lebensmonat; 3 Impfungen:
1. und 2. Impfung im Abstand von 8 bis 10 Wochen, 3. Impfung
7 Monate nach der 2. Impfung.
Zu erwartende Wirkung gegen Virusabort (EHV 1):
mit Beginn der Verwendung als Zuchtstute muss die Grundimmunisierung abgeschlossen sein.
Stuten werden in jeder Trächtigkeit 2-mal geimpft:
im 3./4. sowie im 7./8. Trächtigkeitsmonat.
Pferde-Influenza
ab 4. Lebensmonat; 3 Impfungen:
1. und 2. Impfung im Abstand von 4 bis 6 Wochen, 3. Impfung
6 Monate nach der 2. Impfung.
Tetanus
ab 4. Lebensmonat; 3 Impfungen:
1. und 2. Impfung im Abstand von 4 bis 8 Wochen, 3. Impfung
12 Monate nach der 2. Impfung.
Tollwut
ab 7. Lebenswoche; 1 Impfung ca. 3 Wochen vor Weideauftrieb.

Zur Gesunderhaltung des Ponys sind regelmäßige Schutzimpfungen erforderlich. Das Haflinger-Fohlen lässt die Prozedur geduldig über sich ergehen.

Wiederholungsimpfungen

Rhinopneumonitis, Virusabort, Equines Herpesvirus Typ 1 (EHV 1) im Abstand von 9 bis 10 Monaten; bei besonderen Terminplanungen (Turniere) im Abstand von 6 bis 10 Monaten möglich.
Virusabort: Stuten sollten in der Trächtigkeit 2-mal geimpft werden, siehe Grundimmunisierung.
Tetanus:
Alle 24 Monate
Pferde-Influenza:
in Abständen von 6 bis maximal 9 Monaten.
Tetanus:
Alle 24 Monate
Tollwut:
Alle 12 Monate, circa 3 Wochen vor Weideauftrieb.

Ausbildung

Bereits das Fohlen braucht menschlichen Kontakt, wenn es sich ihm voller Vertrauen anschließen soll. Dann wird es leichter all die Dinge lernen, die es später können sollte, je nachdem was man mit ihm unternehmen möchte.

Altersabhängige Erziehung und Ausbildung
- Fohlen: Halfterführigkeit, Putzen, Hufe geben
- bis 2-Jährige: Spazieren gehen, spielerische Aufgaben
- 3-Jährige: Anlernen, Kondition aufbauen
- 4-Jährige: Ausbildung erweitern
- 5-Jährige: spezielle Ausbildung

Allen Pferden, einerlei ob späteres Reit- und Fahrpferd, Arbeits- oder Zugpferd, kommt eine Ausbildung an der Hand entgegen, die übrigens eine lange Tradition hat. Bei der **Bodenarbeit** gewinnt das Pferd **Vertrauen** zu seinem Ausbilder. Es erkennt, dass nichts von ihm verlangt wird, was ihm Angst bereiten könnte. Die **ruhige Stimme** des

Das Gatter vom Pferderücken aus zu öffnen, bedarf schon einer gewissen Übung. Nur ein gut trainiertes, vertrauensvolles Pferd bleibt dabei so ruhig stehen.

Menschen ist hier wieder das wichtigste Mittel zur Vertrauensbildung. Die Bodenarbeit hat auch den Vorteil, dass sie überall ausgeführt werden kann und keine Reithalle oder einen besonderen Platz voraussetzt. Ein Stück möglichst ebenes und unbewachsenes Gelände eignet sich gut, weil hier die Ponys nicht durch Gras abgelenkt werden und so konzentrierter arbeiten.

Der Umgang mit Ponys

Je mehr sich der Mensch mit seinem Pony beschäftigt, umso intensiver und unkomplizierter gestaltet sich das Verhältnis zwischen beiden. Der Ponyhalter muss versuchen, sich in das Pony hineinzudenken und ergründen, welche Ursachen einem bestimmten Verhalten zugrunde liegen. Es lohnt sich, über **Pferdeverhalten** nachzulesen und zu informieren, dann wird man viele Verhaltensweisen der Ponys besser verstehen und Missverständnisse und Fehlinterpretationen vermeiden.

Widersetzlichkeiten treten nicht deshalb zutage, weil das Pony bösartig ist. Kein Pony wird bösartig geboren, und wenn es später störrisch und widerspenstig reagiert, ist dies in der Regel das Resultat falscher Behandlung. Aber auch Angst und Schreckhaftigkeit vermögen ein Pony scheinbar ungezogen reagieren zu lassen. Die ganze Einfühlsamkeit des Ponyhalters ist nötig, um das Verhalten des ihm anvertrauen Tieres genau zu interpretieren.

Niemals darf ein Pony für eine aus Angst oder Erschrockenheit begangene **unerwünschte Verhaltensweise** bestraft werden, was letztlich nur noch mehr Angst hervorruft. Nur gütiges Zureden und Geduld vermögen dem Pony so viel Vertrauen zu geben, dass es schließlich seine Angst überwindet.

Vielleicht ist das Pony aber auch einfach nur einmal übermütig als Ausdruck von zu wenig Beschäftigung. Übermut lässt sich zwar weitgehend durch entsprechende Fütterung – kein Kraftfutter – regulieren, was aber nicht die regelmäßige Betätigung ausschließen darf. Nur wirkliche Ungezogenheit verdient eine angemessene Reaktion, die der „Tat" aber auf dem Fuße folgen muss, da nur dann das Pony folgerichtig verknüpfen kann, wofür die Korrektur stattfand. Falsche oder zu spät einsetzende Strafen verunsichern das Pony und bewirken weitere unerwünschte Reaktionen. Wird dem Pony in verhaltensgerechter Weise übermittelt, was es tun soll, so folgt es auch entsprechend.

In der **Erziehung** spielen Worte eine wichtige Rolle. Des Wortes eigentliche Bedeutung vermag das Pony natürlich nicht zu begreifen, wohl aber den Tonfall der Stimme. Kurz und energisch gesprochene Worte verfehlen ihre Wirkung nicht, wenn sie anfangs noch von einem leichten Klaps begleitet werden. Infolge des guten Gedächtnisses des Ponys, das sowohl Unangenehmes wie Angenehmes registriert, kann der Klaps bald wegfallen und nur der Hörlaut veranlasst es zu Wohlverhalten.

Eine beruhigende Stimme von einem Klopfen am Hals des Ponys begleitet, übermittelt ihm Vertrauen zum Halter. Und allein dieses Vertrauen macht die glückliche Beziehung Mensch/Pony aus. Um ein solches Vertrauensverhältnis zu erreichen, braucht man sehr viel Einfühlungsvermögen und Geduld. Man muss lernen, die Verhaltensweisen des Ponys richtig zu deuten. Diese Aufgabe ist bei dem eigenwilligen, charakterlich aber doch unkomplizierten Pony nicht immer leicht zu bewältigen. Die rasche Auffassungsgabe des Ponys kommt dem Halter jedoch sehr entgegen.

Pferde sind **Herdentiere** und diese Tatsache bereitet zuweilen Probleme. Das merkt man am ehesten bei dem Versuch, ein einzelnes Tier aus der Herde herauszunehmen. Es klebt an seinesgleichen. Als nützlich erweist es sich, bereits das Fohlen kurz von seiner Mutter zu trennen, wenngleich damit der Herdentrieb nicht unterbunden werden kann.

Ein Pferd ist nicht in der Weise wie ein Hund dem Menschen gegenüber anhänglich und untertan. Es lebt in **Rangstrukturen** in einer Herde. Deshalb kann es damit umgehen, wenn der Mensch im Zusammenleben der dominierende Teil ist, sofern dieser dem Pferde die entsprechenden Signale gibt. Dies sollte mit viel Verständnis, aber doch energisch und sicher geschehen. Dabei sind schon viel Geschick und manchmal sogar ein wenig Überlistung angezeigt. So lässt sich auf dem Wege über eine **Belohnung** fast alles erreichen, während mit Gewalt überhaupt nichts geht.

Kinder sollten zunächst unter Aufsicht an den Umgang mit Ponys gewöhnt werden, da es vor allem jüngeren Kindern noch an der nötigen, verstandesmäßigen Einstellung zur Kreatur schlechthin mangelt. Ponys können wohl Spielkameraden für Kinder sein, nicht aber Spielzeuge, die man nach Belieben wieder in die Ecke stellen kann. Kinder neigen zuweilen dazu, ein Pony zu necken und zu ärgern, was eine natürliche Abwehr des Ponys in Form von Schlagen oder Beißen hervorrufen kann. Falsche und unsachgemäße Behandlung – auch wenn

> **Wichtig**
> Für alle Ausbildungsziele empfiehlt es sich, schrittweise vorzugehen und über positive Verstärkung, also durch durch Belohnung mit Stimme, Kraulen und Leckerchen dem Pferd bisher fremde Dingen vertraut zu machen. Es kann sich daran gewöhnen, ohne in Angstzustände zu geraten.
> Plötzliches Erschrecken jedoch kann auch bei sorgsamstem Vorgehen nicht ganz ausgeschlossen werden, denn es entspricht der Natur des Pferdes, immer fluchtbereit zu sein.

sie der kindlichen Unvernunft entspringt – führt immer zu **Abwehrverhalten** beim Pony und wird dann allzu leicht als bestrafungswürdige Untat abgestempelt.

Fohlentraining

Je früher man anfängt, mit den Fohlen spielerisch bestimmte Dinge einzuüben, die es später können sollte, desto besser. Auch hier gilt das Sprichwort: „Was Hänschen nicht lernt ...".

Schiebt man die Gewöhnung an das Halfter und die anderen ersten **Erziehungsschritte** auf die lange Bank, kann es später bereits zu ernsthafteren Rangkämpfen kommen. Diese sollten aus verständlichen Gründen verhindert werden, denn sonst wird später der Umgang mit dem Tier sehr schwierig. Bei einem halbstarken oder gar ausgewachsenen Pony, das mit Führen, Hufe aufheben, Putzen nicht im Kindesalter vertraut gemacht worden ist, dürfte zum Beispiel der Schmied echte Probleme bekommen, wenn er die Eisen aufbrennen soll. Außerdem sollten später beim Fohlen die Hufe bei Bedarf ausgeschnitten und nötigenfalls korrigiert werden, was schon etwas Geduld von allen Beteiligten erfordert.

Hufe geben

Im Alter von zwei bis vier Wochen beginnt man mit dem Fohlen bereits, die Pflege und eventuelle Korrektur der Hufe einzuüben. Dabei ist ein ruhiges Vorgehen wichtig, und die ruhige Stimme des Ponyhalters trägt zur Vertrautheit und Zutraulichkeit des Ponys bei. Anfangs legt man nur die Hand an den Hals des Fohlens, streicht allmählich über den Mähnenkamm, die Schulter und die Kruppe. Die Berührung darf sich dann langsam bis zum leichten Klopfen steigern. In gleicher Weise bereitet man das Aufheben der Füße, indem die Hand von der Schulter kommend über das Vorderfußwurzelgelenk und von der Kruppe über das Sprunggelenk und schließlich nach unten zur Fessel und zum Huf gleitet. Verhält sich das Fohlen dabei ruhig, kann ein kurzes Aufheben des Vorderfußes folgen, dabei ein Stimmkommando geben.

Ein festes, sicheres Zupacken ist nötig, da das Fohlen natürlich versucht, sein viertes Bein aufzusetzen, um nicht das Gleichgewicht zu verlieren. Während der Prozedur soll das Fohlen ausgiebig gelobt werden.

Von Vorteil ist die Hilfe einer zweiten Person, die das Fohlens festhält. Beim Aufheben eines Vorderfußes stützt man die Hand, die den Pferdefuß hält, auf dem eigenen, dem Pferd nahen Oberschenkel ab. Zum Halten des Hinterfußes umgreifen beide Hände die Fessel, der Hinterfuß wird nach hinten hinausgezogen und auf dem eigenen Oberschenkel abgesetzt. Dies sollte man erst dann ausführen, wenn das Fohlen sich selbst auf drei Beinen ausbalancieren kann.

Führtraining 113

Das erste Halfter

Das Halfteranlegen ist eine der ersten Erziehungsmaßnahmen beim noch bei der Stute mitlaufenden Fohlen. Unter Mutters Obhut und mit Ruhe und Geduld geht dies auch recht gut. Während man das Fohlen streichelt und mit ihm spricht, ist es nicht schwierig, ihm das Halfter zum ersten Mal anzulegen. Man lässt es nur kurz auf und wiederholt dieses spielerische Training täglich. Dabei lässt man das Halfter jedes Mal etwas länger angelegt. Wenn das Fohlen durch Kraulen und Lob Angenehmes damit verknüpft, wird es das Halfter bald als nichts Fremdes mehr ansehen.

Körperkontakt

Bürsten gehört nicht nur zur Grundpflege des Pferdes, es führt zu körperlichem Wohlbefinden und der damit einhergehende Sozialkontakt fördert seine Bindung zur Bezugsperson. Auch das **Putzen** über den ganzen Körper mit einem weichen Tuch, zuerst mit einem kleinen, dann auch mit einem größeren, kann für das junge Pferd zum Vergnügen werden, wenn man es langsam und mit viel Zuwendung und Streicheleinheiten daran gewöhnt. Dies beugt späteren Angstausbrüchen bei flatternden Gegenständen wie Papiertüten oder Ähnlichem im Gelände vor.

Neben seinen Artgenossen, mit denen es sich bisher auf der Weide austoben durfte, sollte das Jungpferd nun bei ersten **Spaziergängen** mit der Umwelt vertraut gemacht werden. Dabei gibt es ihm Sicherheit wenn man ein erfahrenes, ruhiges Altpferd mitführt.

Führtraining

Das junge Pferd muss inzwischen gut an das Halfter gewöhnt sein und sich auch schon unter Lob einige Schritte spazierenführen lassen, bevor mit dem eigentlichen Führtraining begonnen wird. Mit Ruhe

Links: Das Anlegen des ersten Halfters bei einem Ponyfohlen geschieht am einfachsten im Beisein der Mutterstute. Unter ihrer Obhut fühlt sich das Kleine sicher. Gutes Zureden und ein ruhiges Vorgehen helfen ebenfalls.

Oben: Wenn das junge Pferd sicher halfterführig ist, können unter großem Lob kleine Spaziergänge gemacht werden. Wenn dies dann auch gut klappt, beginnt man mit dem eigentlichen Führtraining.

und Bestimmtheit übernimmt der Pferdehalter dabei die Führungsrolle – im wahrsten Sinne des Wortes. Das Pferd soll seinem übergeordneten „Herdentier" vollkommen vertrauen, denn dies ist die Grundlage für alle späteren Ausbildungsschritte.

Geführt wird das Pferd an einer Führleine, die an einer am Halfter eingeschnallten Führkette befestigt ist. Sie dient nicht etwa zum Ziehen, das Pferd sollte von selbst folgen, sondern lediglich um es aufmerksam zu machen, wenn beispielsweise der Pferdeführer stehen bleiben oder die Richtung ändern will. Ein leichtes Rütteln an der Kette mit der erhobenen Hand vor dem Pferd deutet das **Rückwärtsrichten** an. Für den weniger sensiblen Vierbeiner wird die Kette unter dem Kinn in das Halfter eingeschnallt.

Um sicher zu führen, hält man die in die Kette geklinkte Führleine mit der rechten Hand etwa in Höhe des Pferdehalses, die überschüssige Leine liegt in Schlaufen zusammengelegt in der linken Hand. Folgt das Pferd der ruhigen Führhand unwillig, wird es durch einen leichten Kettenruck erinnert. So bemerkt es bald den Unterschied zwischen gehorsamem, neben dem Reiter Hergehen und Ungehorsam.

Wie bei allen Übungen ist die wichtigste Einwirkung die menschliche Stimme. Das einmal benutzte Wort für eine Übung wird ein Leben lang beibehalten. Einmal „**Halt**" bedeutet immer Halt oder Stehen bleiben. Die Worte werden ruhig gesprochen, nicht im Befehlston – Pferde sind nicht schwerhörig.

Übungen wie zwischen Stangen hindurchgehen, um Stangen herum gehen und andere Hindernisse umgehen, können mit dem sicher am Führzügel gehenden Pferd als „fortgeschrittene Lektionen" absolviert werden. Dazu gehört auch das Stangen-L vorwärts und rückwärts zu durchlaufen. Diese Übungen fördern die **Bewegungssicherheit** des Pferdes. In entspannter Haltung nimmt es den Kopf herunter, um zu sehen, wohin es tritt.

Das Stangen-L ist beim Westernreiten eine im Trail zu reitende Disziplin. Hierbei ist der Einsatz einer langen Gerte erforderlich, die dem Pferd vor allem beim Rückwärtsrichten das **Seitwärtstreten** verständlich macht. Die lange Gerte als Hilfsmittel wirkt in diesem Fall wie ein verlängerter Arm des Ausbilders.

Longieren

In der Anfangsausbildung kann man das Pony an der Longe – das ist eine etwa sieben Meter lange Leine – arbeiten. Außer der Longe sind Zaumzeug mit Ausbindezügeln, ein Longiergurt sowie eine Longierpeitsche nötig. Das eine Ende der Longe wird in das Kinnstück der Trense eingeschnallt, während das andere Ende und die je nach der Größe des Longierzirkels übrig bleibenden zwei bis drei Meter als Schlaufen in der Hand des Longierenden liegen. Beim Longieren auf der linken Hand wird die Longe mit der linken, auf der rechten Hand mit der rechten Hand geführt. Die Longenhaltung ist derart, dass sie jederzeit eine Verlängerung oder Verkürzung ermöglicht, wobei die Longe nie durchhängen darf.

Zum Longieren des jungen Ponys werden **Ausbindezügel** verwendet, die durch einen Gummiring oder ein kräftiges Gummiband in der Mitte elastisch gehalten werden. Man schnallt die Ausbindezügel in die Trensenringe und befestigt sie am Longiergurt oder, falls das Pony bereits an das Tragen eines Sattels gewöhnt ist, am Sattelgurt.

Das Verkürzen des inneren Zügels bewirkt eine leichte Biegung des Ponys auf der Kreislinie des Longierzirkels. Da sich ein junges Pony jedoch noch nicht zu biegen vermag, ohne dass die noch weichen Muskeln und Gelenke geschädigt würden, darf der innere Ausbindezügel höchstens um ein Loch verkürzt werden.

Ebenso wichtig wie die genannten Hilfsmittel beim Longieren ist der Einsatz der beruhigenden Stimme, die gegebenenfalls auch aufmunternd wirkt. Die eigenen Körperbewegungen der longierenden Person sollten ruhig sein und keinesfalls hektisch. Der Longierende befindet sich in der Mitte des Kreises und dreht sich dabei stets mit der Front zum Pony. Anfangs erweist es sich als nützlich, wenn eine Hilfsperson das Pony führt und beruhigt. Geht es links herum im Zirkel, „auf der linken Hand", hält die linke Hand des Longierenden die Longe, während in der rechten Hand die Longierpeitsche liegt, die für gleichmäßige Vorwärtsbewegung des Ponys sorgt, indem sie mit der Spitze in Richtung Sprunggelenk des Ponys von hinten nach vorn bewegt wird. Das Longieren des Ponys geschieht sowohl auf der linken als auch auf der rechten Hand, um es gleichmäßig zu gymnastizieren. Das anfänglich nur etwa 15 Minuten dauernde Longieren kann allmählich bis auf eine halbe Stunde ausgedehnt werden.

Durch die Longenarbeit soll das junge Pony ruhig und entspannt zu **taktmäßigen Bewegungen** in allen Gangarten kommen. Hier lernt es auch, sich dem Willen des Ausbilders unterzuordnen und die vorantreibenden und verhaltenden **Kommandos** zu **verstehen**.

Doppellonge

Mit der Doppellonge können dem Pferd vom Boden aus richtungsweisende Zügelsignale gegeben werden, weil sie auf beiden Seiten des Pferdes wirkt.

> **Hinweis**
> Fachkundig gehandhabt ist die Doppellonge ein hervorragendes Ausbildungsinstrument, in falschen Händen kann sie aber großen Schaden anrichten. Wichtig ist es deshalb, bevor man ein Pony so ausbildet, Kurse zu besuchen und Erfahrung zu sammeln.

Das Pferd ist auf Wassertrense gezäumt, dabei wird auf jeder Seite eine Longe eingeschnallt. Das Pferd kann sowohl auf einem großen Zirkel als auch geradeaus gearbeitet werden. Während der Arbeit mit der Doppellonge werden die gleichen Zügelhilfen wie beim Reiten zusammen mit Kommandos benutzt.

Bei dem schon an den Sattel gewöhnten Pferd sollte man während des Longierens mit dem Sattel die Steigbügel fixieren, das Scheppern könnte das Pferd unruhig reagieren lassen. Die Longen sollen hingegen den Pferdeleib berühren, besonders das künftige Fahrpferd kann sich so an das Gefühl gewöhnen, wenn Teile der Anspannung Kontakt mit seinem Körper haben.

Anreiten

Bevor sich das Pony an das Reitergewicht gewöhnen soll, wird es mit dem Sattel vertraut gemacht. Das erste Auflegen des Sattels muss ebenso wie das Auftrensen mit größter Behutsamkeit und Ruhe, in kleinen Schritten und mit viel Lob, Leckereien, Streicheln und Kraulen vor sich gehen. Wichtig ist, dass das Pferd dabei keine Angst bekommt sondern ihm der Vorgang durch positive Konditionierung vertraut gemacht wird.

Prinzipiell ist es gut, wenn das erste **Aufsatteln** in einer dem Pony gewohnten Umgebung geschieht. Man muss jedoch bedenken, dass in der Box beispielsweise eine Verletzungsgefahr viel eher gegeben ist, wenn das Pony losstürmt oder sich hinwirft, um sich des Sattels zu entledigen. Deshalb sollte das erste Satteln besser auf einem Reitplatz oder in einer Halle stattfinden. Hier kann das Pony nach dem Auflegen des Sattels ruhig auch einmal buckeln, ohne dass dadurch ein Schaden geschieht. Dazu sollte es aber eigentlich nicht kommen, wenn man von vornherein vermeidet, dass sich das Pony ängstigt.

Zum Aufsatteln halten eine oder zwei Hilfspersonen das Pony unter ständigem Klopfen und Beruhigen an der Trense, während ein Dritter vorsichtig den Sattel auflegt. Die Bügel sind hochgezogen und der Gurt übergeschlagen. Das Pony soll sich zuerst lediglich an das ungewohnte Gefühl und Gewicht auf seinem Rücken gewöhnen. Eine Person hält den Sattel fest, um das Pony nicht dadurch zu erschrecken, dass er herunter rutscht. Das Pony wird gelobt und gestreichelt. Verhält es sich einige Zeit ruhig und entspannt, kann man den Gurt anlegen, darf aber nur so viel anziehen, dass der Sattel nicht rutschen kann. Zu starkes Angurten würde dazu führen, dass das Pony eine **Abneigung** gegen den Sattel entwickelt, sich dagegen wehrt und dann unter **Sattelzwang** leidet. Es ist ein mühevolles Unterfangen, diesen einem Pferd wieder zu nehmen.

Der Sattel liegt am Widerrist, drückt aber nicht auf diesen. Der Sattelgurt befindet sich etwa eine Handbreit hinter dem Ellbogengelenk des Ponys. Hat sich das Pony daran gewöhnt und lässt sich nach

Anreiten

Das richtige Alter
Norweger und Haflinger können im Alter von drei Jahren, Shetländer, Welsh- und New-Forest-Ponys mit vier Jahren und Isländer, wenn sie fünf Jahre alt sind, vorsichtig angeritten werden. Größere Leistungen kann man jedoch erst verlangen, wenn die Ponys voll entwickelt, das heißt, wenn sie fünf, besser sechs Jahre alt sind.

Erst wenn das Pony vollständig entwickelt ist, kann es mit einfühlsamer Hand angeritten werden.

einiger Zeit ruhig mit dem Sattel auch longieren, dann erst ist der Zeitpunkt gekommen, dass ein leichter Reiter vorsichtig in den Sattel gehoben werden kann.

Mit dem aufgesessenen Reiter wird das Pony an der Longe auf der linken Hand angeritten. Wenn man sich eines Führpferdes bedienen kann, darf man die Longe schon bald weglassen. Beim ersten **Anreiten** nimmt der Reiter grundsätzlich das Tempo und die Gangart an, die das Pony anbietet. Er soll zunächst ohne jegliche Einwirkung reiten, den Rücken des Ponys durch leichten Sitz entlasten und sich geschmeidig den Bewegungen des Ponys anpassen. Trabt das Pony, muss der Reiter eine leichte, gleichmäßige Verbindung suchen, während im Schritt fast ohne Verbindung geritten wird. An den Zügel gestellt wird das Pony erst viel später.

Der Reiter muss alles daran setzen – auch wenn das Pony buckelt – nicht abgeworfen zu werden. Das Pony würde sonst jede Gelegenheit nutzen, sich des ihm lästigen Reitergewichts zu entledigen. Festhalten darf sich der Reiter – wenn nötig – nur am Sattelriemen oder an der Mähne, niemals am Zügel.

Während des **Auf- und Absitzens** soll das Pony lernen, ruhig stehen zu bleiben. Auch dies funktioniert mit viel Lob, ruhigem Zureden und Streicheln. Nach einigen Tagen der Gewöhnung kann allmählich vom passiven Reiten dazu übergegangen werden, das Pony auf die treibenden und verhaltenden **Hilfen** des Reiters hinzuarbeiten. Das Berühren der Schulter mit einer etwa 1 m langen Gerte bewirkt eine stärkere Vorwärtsbewegung des Ponys. Zur Einstimmung auf die treibenden Schenkelhilfen wird das Pony später mit der Gerte hinter dem Schenkel berührt, wobei der Schenkel des Reiters gleichzeitig stärker einwirkt. Die vortreibenden Hilfen werden sofort eingestellt, wenn das Pony darauf reagiert hat. Allmählich entfällt die Gertenhilfe ganz.

Beim **Übergang** vom Trab zum Schritt und vom Schritt zum Halten erlernt das Pony die verwahrenden Hilfen. Während dieser Übergänge verstärkt der Reiter seinen Knieschluss und vermindert die Gewichtseinwirkung, wobei die Zügel leicht angenommen werden und wieder nachgeben, bis das Pony in den Schritt beziehungsweise zum Halten kommt. Auch hierbei ist die beruhigende Stimme nützlich, denn das Pony hat die vortreibenden und verhaltenden Hilfen der Stimme bereits beim Longieren kennengelernt und vermag darauf zu reagieren.

Das Pony geht nun auf geraden Linien vorwärts und der anfänglich schwankende Gang verschwindet allmählich, ebenso wie die Spannung. Der Takt wird gleichmäßiger und bald bewegt sich das Pony zwanglos in Gleichgewicht und natürlicher Selbsthaltung.

Das gut gerittene Pony soll voller Vertrauen überall hingehen, wenn es der Reiter von ihm verlangt. Willig geht es in allen Gangarten vorwärts und auf die entsprechenden Hilfen führt es Wendungen

Die Zeichen des Ponys verstehen
Zurückfallen in den Schritt und häufiges Stolpern deuten auf eine Überforderung des Ponys hin. Deshalb darf das tägliche Reitpensum von anfangs 10 Minuten nur langsam bis auf ½ und schließlich 1 Stunde gesteigert werden. Der einfühlsame Reiter weiß, wieviel er seinem Pony zumuten kann.

aus und lässt sich rückwärts richten. Dabei steht es stets leicht am Zügel. Beim Halten verhält es sich ruhig, und wenn es angaloppiert wird, versucht es nicht davon zu stürmen.

Die Vorarbeit zum Springen kann bereits an der Longe erfolgen, indem man das Pony zunächst eine auf dem Boden liegende Stange überschreiten lässt. Als nächstes folgt die Arbeit über sogenannte **Bodenricks** – auch unter dem Reiter. Bodenricks sind knapp über dem Boden liegende und an beiden Enden mit einem Holzkreuz befestigte Stangen. Es handelt sich jetzt noch nicht um eigentliches Springen, denn die Ricks werden in der Bewegung, das heißt im Schritt und Trab überwunden. Wohl aber lernt das Pony hier bereits auf Hindernisse zu achten, sie einzuschätzen und möglichst so zu nehmen, dass es sich die Füße nicht anschlägt. Das Arbeiten mit Bodenricks stärkt die Rückenmuskulatur beim Pony und fördert seine Losgelassenheit. Dem Reiter verhilft es zu einem elastischen, geschmeidigen Sitz.

Nur ganz allmählich darf die Höhe der zu überwindenden Hindernisse gesteigert werden, wobei stets darauf zu achten ist, dass das Pony freudig springt und nicht zu hohe Anforderungen schließlich in einem Verweigern enden. Und was für das Reiten auf ebener Erde gilt, hat erst recht beim Springen Bedeutung. Der Reiter darf das Pony im Maul nicht stören. Wenn er sich während des Springens festhalten muss, dann nur an der Mähne oder besser an einem, dem jungen Pony umgelegten Halsriemen.

Springen
Das ideale Freizeitpony überwindet ohne Zögern kleine Hindernisse und es sollte möglichst nicht scheuen.

Kleine klassische Reitlehre
Wenn Reiter und Pferd beim Ausritt oder in der Halle auf Dauer Freude aneinander haben wollen, ist eine solide Reitausbildung die Voraussetzung dafür.

Sitz des Reiters
Der Reiter sitzt bequem und entspannt im Sattel. Die Oberschenkel liegen mit der Innenseite so flach an, dass das Knie flach den Sattel berührt. Erwünscht ist ein möglichst tief liegendes Knie, das Ruhen auf dem Gesäß darf dadurch aber nicht beeinträchtigt werden.

Der Reiter hält seinen **Oberkörper** senkrecht, das Kreuz ist mäßig angezogen und die Schultern befinden sich in natürlicher Lage.

Hinweis
Niemals wird mit dem Pony nach dem Aufsitzen angaloppiert. Jeder Ritt beginnt und endet im Schritt, so dass das Pony danach möglichst trocken nach Hause kommt.

Stimmt das Vertrauensverhältnis zwischen Pferd und Reiter, geht der Vierbeiner für seinen Reiter buchstäblich durchs Feuer. Dann hat das Pony keine Angst und ist ein sicherer Freund für Freizeitaktivitäten wie Ponyspiele, Ausritte und Springen.

Infolge des Zueinanderdehnens der Schulterblätter wölbt sich leicht die Brust. Der Kopf wird frei und aufrecht getragen, und der Blick ist über den Pferdekopf hinweg nach vorne gerichtet. Die Oberarme hängen senkrecht nach unten, die Unterarme mit leichter Winkelung halten in der Mitte eine leichte Fühlung mit dem Körper des Reiters. Die geschlossenen Fäuste stehen eine Handbreit so über dem Widerrist des Pferdes, dass die kleinen Finger etwas näher zueinander stehen als die Daumen, wobei der Zwischenraum zwischen den kleinen Fingern weniger als eine Handbreit beträgt. Unterarme und Handrücken bilden eine gerade Linie.

Die **Unterschenkel** des Reiters hängen je nach der Beinlänge gewinkelt am Pferdeleib herab, wobei die flache Wade Fühlung mit dem Pferdeleib hat. Schultergelenk, Hüfte und Ferse des Reiters bilden eine senkrechte Linie.

Die Fußspitzen sind leicht vom Pferdeleib abgewendet und die Absätze herabgedrückt. Der Absatz bildet den tiefsten Punkt des Reiters. Die Steigbügel werden so verschnallt, dass der Reiter bei tiefem Knie und tiefem Absatz mit den Unterschenkeln Fühlung am Pferdeleib hat. Der Ballen des Fußes hält den Steigbügel.

Beim Springen befindet sich der Reiter im **leichten Sitz**, das Gesäß hat dabei nur noch eine leichte Verbindung mit dem Sattel. Der Reiter verlagert mit leicht vorgebeugtem Oberkörper sein Gewicht nach vorne. Im Sprung selbst ist das Gesäß vom Sattel völlig gelöst. Die **Steigbügellänge** beträgt 2 bis 3 Loch weniger als beim Dressurreiten, wodurch die Knie etwas höher zu liegen kommen. Die

Unterschenkel zeigen leicht nach schräg rückwärts und liegen am Pferdeleib an, der untere Teil befindet sich dicht hinter dem Sattelgurt. Um dem Pferd im Sprung die volle Dehnung in Hals und Kopf nach vorwärts zu gewähren, geht die geschlossene Zügelfaust im Sprung in Richtung Pferdemaul. Immer soll eine Anlehnung – Verbindung zwischen Reiterhand und Pferdemaul – gegeben sein.

Zügelhaltung
Die Trensenzügel sind zwischen dem kleinen und dem Ringfinger so zu fassen, dass die glatte Lederseite nach außen zeigt. Die miteinander verbundenen Zügelenden bilden eine Schlaufe, die unter dem rechten Zügel herunterhängt. Bei geschlossenen Fäusten und leichter Krümmung der Daumen werden die Zügel auf die Zeigefinger gedrückt. Sind die Fäuste nicht geschlossen, so können die Zügel nicht fest in der Hand liegen und die Zügellänge verändert sich ständig, so dass der Reiter gezwungen ist, häufig nachzufassen. Eine unruhige und störende Hand kann nicht die feine, erwünschte Anlehnung bewirken.

Soll sich das Pferd im Hals dehnen, gehen die Zügelfäuste etwas vor, ohne die Winkelung der Ober- und Unterarme zu vernachlässigen. Zum Reiten am langen Zügel lässt der Reiter die Zügel nach vorwärts durchgleiten, um aber sogleich die Fäuste wieder zu schließen.

Hilfen
Von der vorschriftsmäßigen Anwendung der reiterlichen Hilfen sind die Haltung des Reiters und letztlich die Leistung des Pferdes abhän-

Zwei Reiterinnen, die mit ihren Pferden auch im Gelände bestens zurechtkommen. Sie reiten ihre Ponys in der klassischen oder englischen Reitweise.

gig, und sie entscheiden, wie sicher der Reiter sein Pferd beherrscht. Man unterscheidet zwischen treibenden und verhaltenen Hilfen.

Gewichtshilfe. Der Reiter wirkt mit seinem Körpergewicht ein, wobei der eigene Schwerpunkt mit dem des Pferdes stets übereinstimmen muss und zwar in allen Gangarten und auch beim Springen. Nur so kommt das Pferd in das Gleichgewicht, das für die Reinheit der Gänge, den Schwung und die Ungezwungenheit aller Bewegungen verantwortlich ist. Dabei muss der Reiter gefühlvoll mit den Bewegungen des Pferdes mitgehen.

Ein Anziehen des Kreuzes wirkt verstärkend auf die Gewichtshilfen, indem sich der Druck auf die Gesäßknochen und somit auf den Pferderücken verstärkt. Das Pferd wird vom Reiter buchstäblich vorwärts geschoben. Bei Wendungen und gebogenen Linien ist das Reitergewicht nach jener Seite zu verlagern, in der die Anwendung erfolgen soll. Das Gewicht wird auf den jeweiligen Gesäßknochen verlagert. Die Hüfte darf dabei aber nicht abgeknickt werden.

Schenkelhilfe. Nur Oberschenkel, Knie und Unterschenkel, die flach am Sattel beziehungsweise Pferdeleib anliegen, vermögen auch einzuwirken. Die treibenden Unterschenkel liegen am Sattelgurt, das heißt, der vordere Rand des Stiefelschaftes schneidet mit dem hinteren Rand des Sattelgurtes ab. Durch Schenkeldruck wird die treibende Wirkung erzielt. Er kann ein- oder beidseitig erfolgen. Liegen die Unterschenkel etwas hinter dem Sattelgurt, so wirken sie verwahrend, das heißt, sie hindern das Pferd beispielsweise von einer geraden Linie abzuweichen oder auf zwei Hufschlägen zu gehen. Verwahrend werden die Schenkel auch eingesetzt, um das Pferd rückwärtszurichten und Vor- und Hinterhandwendungen einzuleiten.

Zügelhilfe. Zusammen mit den treibenden Hilfen Schenkel und Gewicht erreicht man die sogenannte Beizäumung des Pferdes, das heißt, das Pferd steht mit natürlich geformtem Hals und mit der Stirnlinie leicht vor der Senkrechten an den Hilfen des Reiters. Es besteht eine feine Verbindung zwischen Reiterhand und Pferdemaul, wobei das Pferd zufrieden am Gebiss kaut. Die Zügelhilfen wirken meist verhaltend oder einseitig entweder verwahrend oder seitwärtsweisend. Durch Drehung des Handgelenkes nach innen und Zurücknehmen des Unterarmes oder Verkürzen der Zügel durch Nachfassen kann die Zügelhand den Zügel annehmen. Mittels einer Drehung im Handgelenk oder Vorgehen kann sie nachgeben oder aber durchhalten, wenn das Zügelmaß und der Anlehnungsgrad unverändert bleiben. Die treibenden Hilfen von Gewicht und Schenkeln treiben bei angespanntem Kreuz des Reiters das Pferd an die zum Nachgeben bereite Zügelhand.

> **Hinweis**
> Das Pferd soll auf feinste Schenkelhilfen reagieren. Es stumpft ab, wenn die Schenkel ständig pressend oder klopfend am Pferdeleib arbeiten.

Hilfengebung. Die Kunst der Hilfengebung besteht darin, sie dem Beschauer so wenig wie möglich sichtbar zu machen. Das bedeutet, alle Hilfen sollten so fein wie möglich gegeben werden.

Halbe oder ganze **Paraden** dienen dem Zweck, das Pferd aufzunehmen, sei es, um das Tempo zu verringern oder um anzuhalten. Mit der halben Parade soll man das Pferd auf eine bevorstehende Lektion vorbereiten. Die halbe Parade wird durch das Kreuzanziehen unter Mitwirkung des vorwärtstreibenden Schenkels und des verhaltenden Zügels bewirkt. Sie findet Anwendung, um die verloren gegangene Haltung und das Gleichgewicht des Pferdes wieder herzustellen und um es beispielsweise auf einen Gangartwechsel oder eine Wendung oder Ähnliches aufmerksam zu machen. Einer ganzen Parade zum Halten geht stets eine oder mehrere halbe Paraden voraus.

Anreiten aus dem Halten zum Schritt. Der Reiter verstärkt das Anziehen des Kreuzes und den gleichmäßigen Druck beider Schenkel. Ohne die Verbindung zwischen Reiterhand und Pferdemaul aufzugeben, gehen beide Zügelfäuste ganz fein vor.

Übergang aus dem Schritt zum Trab. Wiederum zieht der Reiter verstärkt das Kreuz an und er verstärkt den Druck beider Schenkel gleichmäßig. Mit den Zügelfäusten geht der Reiter leicht vor, ohne Aufgeben der Verbindung zum Pferdemaul. Nach dem Antraben des Pferdes bedient sich der Reiter wieder der feinen Hilfen.

Übergang vom Schritt zum Galopp. Eine halbe Parade kündigt den Übergang an. Der Reiter zieht das Kreuz an und verlagert sein Gewicht auf den rechten Gesäßknochen und geht mit der rechten Hüfte leicht vor, wenn er einen Rechtsgalopp beabsichtigt. Die Hüfte darf dabei nicht einknicken. Der rechte Unterschenkel liegt vermehrt treibend am Sattelgurt, während der linke leicht zurückgenommen verwahrend wirkt. Der rechte Trensenzügel geht fein vor, der linke steht gut an. Durch den rechten Trensenzügel wird dem Pferd eine leichte Rechtsstellung gegeben, beim Linksgalopp umgekehrt. Die Schenkellage bleibt während des Galopps unverändert. Die Hilfengebung vom Trab in den Galopp ist die gleiche.

Westernreiten

Freizeitreiten im Westernstil ist angelehnt an das Gebrauchsreiten der Cowboys in den USA. Diese mussten stets eine Hand frei haben – etwa um mit dem Lasso Rinder einzufangen. Die andere Hand hält lose den Zügel, der dann keine Einwirkung auf das Pferdemaul hat. Lediglich mit Gewicht und Schenkeln „dirigiert" der Reiter sein Pferd. Aus dieser Reitweise entwickelt sich – allerdings nicht von heute auf morgen – eine wunderbare Übereinstimmung zwischen Pferd und Reiter. Das Pferd scheint mitzudenken und reagiert auf die feinsten Reiterhilfen.

Der mit einem Pony berittene und ambitionierte Freizeitreiter kann auch bei Westernturnieren im **Trail** oder in der Disziplin **Horsemanship** gut bestehen. In der Westernturnierdisziplin befinden sich auf dem Trailparcours verschiedene Hindernisse wie Tor, Brücke und Stangen, die in verschiedenen Kombinationen gelegt und die vor-, rück- oder seitwärts im Schritt oder in höheren Gangarten zu überwinden sind. Western Horsemanship entspricht etwa dem FN-Reiterwettbewerb, einer Reiterprüfung, bei der Sitz und Einwirkung des Reiters beurteilt werden. Der Reiter reitet eine Einzelaufgabe, wobei es ganz wichtig ist, dass diese ohne sichtbare Einwirkung auf das Pferd absolviert wird. Nach dem Einzelreiten werden die Pferde in der Abteilung, dem **Pleasure**, vorgestellt.

Voraussetzung für das Reiten im Westernstil ist zum einen das Interesse und Verständnis für eine Reitweise, die immer mehr Anhänger gerade in der Freizeitreiterei findet und zum anderen ein leistungsbereites, intelligentes Pony (siehe dazu die Rassebschreibungen).

Die Umstellung

Ein Reiter, der mit der sogenannten englischen oder klassischen Reitweise vertraut ist, wird sich zunächst bei der Umstellung auf den Westernstil ziemlich schwer tun, denn manche Übung, die er vorher

Ein nicht alltägliches Bild: Ein Norweger Pony wird Western geritten. Trotzdem, es muss nicht immer ein amerikanisches Pferd sein, auch viele Ponyrassen eignen sich für das Westernreiten.

> **Hinweis**
> Westernfilme und die darin gepflegte Reitweise können nicht Vorbild für europäisches Westernreiten sein. Von den in Amerika vorherrschenden, riesigen Geländedimensionen kann man hierzulande nur träumen, vor allem auch, wenn man Westernreitturniere ausrichten möchte.

erlernt hat, ist jetzt eher fehl am Platze. Wenn er nach und nach die für das Westernreiten wichtige Übung des Loslassens beherrscht, ist er schon auf einem guten Weg. **Loslassen** bedeutet einmal, am losen Zügel das Pferd in der vorgegebenen Gangart vorwärts zu reiten und zum anderen, die Beine zwanglos am Pferdeleib anliegen zu lassen. Das Gewicht findet in den Steigbügeln Halt. Diese ersten Übungen sollten tunlichst in der Reithalle oder im eingezäunten Gelände stattfinden.

Wie wirkt sich nun diese scheinbar passive Reitweise auf das Pferd aus? Ein Pferd, das bisher mit ständiger Zügeleinwirkung geritten und das für jeden Schritt getrieben wurde, begreift sehr schnell, dass es nun selbständig, ohne unentwegt mit Schenkel und Absatz „bearbeitet" zu werden, vorwärts gehen „darf". Sobald es das Tempo verlangsamt oder gar stehen bleibt, treibt der Reiter taktmäßig, bis die geforderte Gangart erreicht ist. Danach entfallen die treibenden Hilfen, um gegebenenfalls bei erneuter Verlangsamung nochmals treibend einzuwirken. Will das Pferd seine Gangart beschleunigen oder versucht es gar wegzulaufen, wirkt der Reiter dem durch verstärktes Einsitzen und Zügelaufnahme entgegen. Dann kann der Zügel wieder nachgegeben werden. Das Pferd begreift sehr schnell, dass es bei angepasstem Tempo ohne Zügeleinwirkung dem Druck im Maul entgehen kann. Dabei darf wie in jeder Phase der Pferdeausbildung, ausgiebiges Loben nicht vergessen werden, denn so lernt das Pferd am besten und schnellsten.

War der Anfang – Zügel locker, Beine ruhig – schon schwierig, so ist es für den Reiter der herkömmlichen Reitweise geradezu unverständlich, wie der Westernreiter die **Richtung ändert** – nämlich auf folgende Weise: Will er nach links abbiegen, nimmt er die linke Schulter in die neu zu nehmende Richtung, um rechts abzubiegen, zeigt die rechte Schulter den neuen Weg an. Das funktioniert deshalb, weil sich mit dem ausgestreckten Arm der gesamte Körper in die entsprechende Richtung verlagert.

Aus diesen wenigen Übungen wird ersichtlich, dass das Umdenken auf das Reiten im Westernstil zunächst die größten Probleme dem Reiter bereitet. Das Pferd erkennt die Vorteile dieser Reitweise für sich viel schneller und fühlt sich, wenn sie sachkundig betrieben wird, physisch und psychisch wohl dabei. Nun sind ein williges Pferd und ein begabter Reiter eine Sache, an einem guten Ausbilder – die

Betonung liegt auf gut – wird der Reiter auch in dieser Pferdesportdisziplin nicht vorbei kommen.

Wie auch für die herkömmliche Reitweise beginnt die Vorbereitung auf das Reiten im Westernstil mit den üblichen, vertrauensbildenden Aufgaben dem Pferd gegenüber. Dies sind Übungen, die auch für andere Verwendungen und Einsatzgebiete – wie etwa beim Fahren – unabdingbar sind.

Einfahren

Ein Pony einzufahren ist nicht etwas, das jeder so nebenbei machen kann. Am besten ist es, man hat selbst **Fahrlehrgänge** besucht, das Fahrabzeichen gemacht und entsprechende Fahrpraxis. Andernfalls sollte man jemand hinzuziehen, der diese Qualifikation besitzt. Eine Haftpflichtversicherung ist Voraussetzung und diese deckt Schäden auch nur dann, wenn das Fahrabzeichen vorhanden ist.

Mit dem Ersetzen des Longiergurtes oder Sattels durch das Geschirr beginnt die Vorarbeit für das Einfahren des Ponys. Beim **Auflegen des Geschirrs** muss mit größtmöglicher Ruhe vorgegangen werden, wobei wiederum die beruhigende Stimme und lobendes Klopfen dem Pony helfen zu verstehen, dass es sich dabei nicht zu erschrecken braucht. Schweifriemen und Gurte werden anfangs nur ganz vorsichtig angezogen.

Durch **Hin- und Herführen** an den Trensenzügeln gewöhnt man das Pony an das Geschirr, das aus weichem, anschmiegsamem Leder gearbeitet ist. Erst nach dieser Gewöhnung ist die Einspännerleine einzuschnallen. Eine Hilfsperson führt das Pony am Kopf, das erst nach und nach mit den Berührungen durch die Leine am Körper vertraut gemacht wird. Erst wenn das Pony die Hilfengebung – auch der Peitschenhilfe – verstanden hat, kann das Anführen unterbleiben.

Dann folgen **Zugübungen**, bei denen einer oder zwei Gehilfen an den verlängerten Leinen einen Gegenzug ausüben. Danach hängt man einen Schleppbalken ein, der dem Pony bereits eher das Gefühl vermittelt, einen Wagen oder Schlitten zu ziehen. Zum Einspannen am Zweispänner erweist sich ein erfahrenes, zugfestes Pony als nützlich, von dem das junge Pony lernen kann. Erst allmählich geht man zum Ziehen eines Wagens – zunächst ohne Belastung – über.

Auch beim Einfahren ist oberstes Gebot, das Pony nicht zu überfordern. Es darf nicht mehr von ihm verlangt werden, als es ohne große Anstrengung zu leisten imstande ist. Der nächste Schritt kann immer erst getan werden, wenn das Vorausgegangene verstanden ist und verlässlich ausgeführt wird.

Die **Hilfen** zur Richtungsänderung sind beim Fahren die Leinen. Wendungen werden durch Nachgeben der Außenleine eingeleitet und nicht etwa durch Ziehen an der Innenleine. Vor jeder **Wendung** ist das Tempo zu verringern. Unruhiges Hantieren mit der Leine macht das Pony unsicher und nervös, es kann den Sinn darin nicht erkennen.

Wenn das eingespannte Pony vor etwas ihm Unbekanntem oder einem ihm Furcht einflößenden Gegenstand scheut und beruhigendes Zureden allein hilft nicht, führt man das Pony ruhig an das vermeintliche Ärgernis heran und es beruhigt sich rasch, wenn ihm dabei nichts geschieht. Ein Pony aber, das bestraft wird, weil es scheut, verknüpft die Strafe mit dem Angst auslösenden Gegenstand und wird das nächste Mal erst recht scheuen.

Geschirr zum Reiten und Fahren

Ob nun das Pony ausschließlich als Reitpferd benutzt wird oder auch im Geschirr vor Kutsche oder Wagen gehen soll, eines ist unabdingbar: Das gesamte Geschirr des Pferdes muss perfekt sitzen und notfalls den anatomischen Gegebenheiten des Pferdekörpers angepasst werden. Was bei den Anschaffungen, die für das Reiten und Fahren notwendig sind, vermeintlich eingespart wird, geht letztlich zu Lasten des Pferdewohlbefindens.

Zaumzeug

Für den täglichen Reitgebrauch hat sich die einfache **Trense** mit einem gebrochenen Gebissstück, das nicht zu dünn sein soll, bewährt. Auch junge Pferde nehmen das Trensengebiss meist willig an. Das einfache Gebiss ist weder zu lang noch zu dünn oder zu sehr gebogen. Das Mundstück der Trense wird in Richtung der Ringe dicker und verjüngt sich zur Mitte hin, wo die beiden Gebissteile zusammen kommen. Ein Teil des Druckes aus den Zügeln wird dadurch auf die Laden des Kiefers übertragen und sofern das Mundstück die richtige Größe hat, erreicht man so die zweckmäßigste Verbindung zwischen Reiterhand und Pferdemaul. Das Mundstück darf weder zu hoch noch

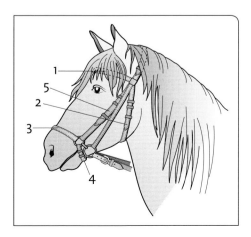

Trensenzäumung
1 = Der Stirnriemen darf die Ohren nicht beengen.
2 = Der Kehlriemen muss so weit geschnallt sein, dass zwischen ihm und dem Kehlgang bei beigezäuntem Pony die flache Hand noch Platz hat. 3 = Der Nasenriemen muss etwa vier Finger breit über dem oberen Nüsternrand liegen. 4 = Der Kinnriemen muss eng geschnallt sein, doch so, dass das Pony noch kauen kann.
5 = Das Backenstück muss so verpasst sein, dass das Gebiss in den Maulwinkeln anliegt, ohne diese hochzuziehen.

Lebensfreude pur – für Pony und Fahrer. Das Pferd ist in Brustblattanspannung vor einem zweirädrigen, offensichtlich nicht nur geländesicheren, sondern auch wassertauglichen Wagen eingespannt.

zu niedrig liegen. Es hat die richtige Lage, wenn es weder die Hakenzähne berührt, noch die Maulwinkel heraufzieht.

Wichtigster Bestandteil neben dem Gebissstück des **Trensenzaumzeugs** ist das Kopfstück. Dieses besteht aus Genickstück, Stirnriemen und Kehlriemen. Dieser ist so zu verschnallen, dass noch eine quergestellte Hand zwischen Riemen und dem Kehlgang des Pferdes Platz hat. Das Genickstück muss ausreichend breit sein, damit es nicht in die Haut einschneidet.

Die schmaleren, seitlichen Backenstücke sind mit Schnallen versehen, die zum Verpassen des Trensengebisses in der Höhe dienen. An den Trensenringen werden die Zügel mit Schnallen befestigt.

Die **Zügel** sind wegen der besseren Handhabung im vorderen Teil aus Leder, der hintere Teil, der in der Hand liegt, kann aus stabilem Gurt bestehen.

Das **Reithalfter** vervollständigt das Zaumzeug. Es besteht aus dem Kopfstück und aus einem Nasenriemen. Der Kinnriemen verhindert, dass das Pferd das Maul aufsperrt oder die Zunge über das Gebiss bringt. Er muss aber zugeschnallt dem Pferd das Kauen noch ermöglichen. Bewährt hat sich das Hannoversche Reithalfter, dessen Nasenriemen vier Finger breit über den oberen Nüsternrändern liegen soll. Andere gängige Reithalfter sind das Deutsche, das Englische, das Mexikanische und das Kreuzbandhalfter. Das Englische Reithalfter mit einem breit gehaltenen Nasenriemen ist noch mit einem verstellbaren Kopfteil ausgerüstet, wohingegen das Deutsche lediglich aus einem Nasenriemen besteht, der durch Schlaufen am Backenstück der Trense läuft. Typisch für das Mexikanische Reithalfter ist der sich über dem Pferdekopf kreuzende Nasenriemen, dem Gebiss wird dabei völlig freier Spielraum gegeben.

Nur für geschulte Reiterhände und bei entsprechendem Ausbildungsstand des Pferdes ist die **Kandarenzäumung** gedacht. Bei der Kandare ist das Gebissstück ungebrochen; die Wirkung beruht auf Hebelkraft, die beim Zug an den Zügeln durch die Kinnkette entsteht. Um eine scharfe einseitige Wirkung der Kandare zu vermeiden, wird gleichzeitig eine Unterlegtrense benutzt. Zur Kandarenzäumung wird das Englische Reithalfter benutzt.

Im Handel findet man die verschiedensten Gebissteile unter dem Namen „**Pelham**". Meist handelt es sich dabei um Abwandlungen des ursprünglichen Pelhams, dessen Gebissstück eine Trense war, deren Seitenteile in Verbindung mit einer Kinnkette eine Hebelwirkung verursachen.

Der einfachste Hilfszügel ist der **Ausbindezügel**. Dabei wird an jeder Seite des Pferdes einer der beiden Zügel am Sattelgurt unter den Sattelblättern eingeschnallt und an dem gleichseitigen Trensenring befestigt. Beim Longieren oder Reiten müssen die Ausbinder so lang sein, dass das Pferd mit der Nase nicht hinter die Senkrechte kommt.

Das **Ringmartingal** ist ebenfalls ein Hilfszügel und besteht aus einem Riemen, der am Sattelgurt befestigt wird und zwischen den Vorderbeinen des Pferdes hindurch läuft. Das Martingal läuft durch einen Halsriemen und teilt sich in zwei Riemen mit Ringen am Ende. Durch diese Ringe wird der Zügel geführt. Das Martingal darf nicht so eingestellt sein, dass es den Kopf des Pferdes gewaltsam nach unten zieht.

Sättel

Es war nicht immer so, dass Menschen zum Reiten des Pferdes einen Sattel benutzen. Die Germanen sollen noch auf ungesattelten Pferden geritten sein. Unbestritten ist, dass man auf dem bloßen Pferderü-

Westernsattel mit Packtaschen. Für jeden Zweck gibt es den passenden Sattel, man kann ihn auch nach den körperrlichen Gegebenheiten des Ponys und des Reiters anfertigen lassen.

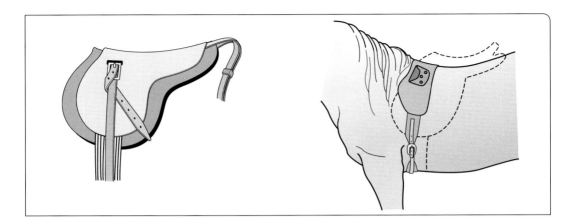

Links: Sitzkissen. Es besteht aus einem einfachen Lederblatt und der Filzdecke. Infolge seiner nicht ausgeprägten Formung gewährt es keinen sicheren und ruhigen Sitz. Es stellt deshalb eine korrekte Hilfengebung und damit eine gute Kontrolle des Ponys in Frage.

Rechts: Der Vorgurt ist ein Hilfsmittel, bei dem durch zwei Haken beiderseits des Widerristes verhindert wird, dass der Sattel nach vorne rutschen kann.

cken fester, aber gewiss nicht weicher sitzt als auf einer Unterlage. Der Reiter unserer Tage verlangt nach einem Sattel, der ihm einen bequemen Sitz gewährleistet und der dem Pferderücken gut angepasst sein muss.

Der **Sattelbaum**, der gut sitzen muss, ist der wichtigste Teil eines Reitsattels. Man unterscheidet zwischen konventionellem Holz-, Kunststoff- und Federbaum – eine Kombination von Sperrholz, Leder und Naturrohr. Der Vorderzwiesel besteht aus behäutetem Holz mit einem eisernen Kopfeisen. Das Ober- und Unterteil sind angenietet, zur Verstärkung der Trachten dienen zwei Längsschienen, dadurch erhält der Sattel seine eigentliche Form.

Im Innern des Kopfes befindet sich zur Verstärkung des Baumes ein stählernes **Noteisen**, welches das Brechen des Baumes verhindert. Der Kopf muss hoch genug sein, um nicht am Widerrist aufzuliegen. Damit das Pferd nicht gedrückt wird, müssen die Orte weit genug aufgestellt sein.

Auch die Trachten sollen gleichmäßig am Pferd anliegen. Diese können zur Verstärkung von unten noch mit Stahlschienen beschlagen werden. Über das Gestell werden der Länge nach zwei Gurte

Bestandteile des Sattels
Sattelkranz oder auch Hinterzwiesel genannt,
Sitzfläche,
Sattelpolster,
Vorderzwiesel,
Sattelkammer,
Sattelblatt,
Schweißblatt,
Pauschen,
Sattelgurtstrupfen,
Sattelgurt,
Steigbügel,
Steigbügelriemen, der verstellbar ist und in einer waagerecht verlaufenden Öse, der so genannten Sturzöse, aufgehängt wird.

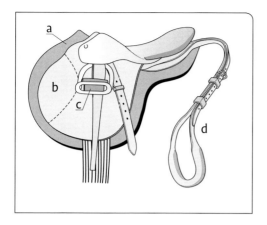

In Deutschland entwickelter Vielseitigkeitssattel für Ponys.
a = Filzdecke, b = Pausche,
c = Gummieinlage für Steigügel,
d = Schweifriemen.

gespannt, anschließend die Quergurte. Der erste Quergurt befindet sich hinter der **Sturzfeder**. Damit die Form des Sitzes die richtige Schweifung bekommt, muss die Spannung der Gurte entsprechend reguliert werden. Form und Federung erhält der Sattel durch die Quergurte. Über die Spanngurte kommt eine Gummipolsterung. Rind-, Schweins- oder auch Wildleder über die Gummipolsterung genäht, vollenden den Sattel. Als **Sattelgurt**, der den Sattel in der gewünschten Lage hält, wird ein möglichst breiter Gurt aus saugfähigem Material verwendet.

Da der **Dressursattel** ausschließlich für das Reiten mit gestrecktem, tiefen Dressursitz konzipiert ist und zudem dem Reiter im Gelände und im leichten Sitz wenig Halt bietet, ist er für das Freizeitreiten mit Ponys wenig geeignet. Der Dressursattel hat sehr lange am Pferd liegende Seitenblätter, die dem Reiter einen engeren Kontakt mit dem Pferd erlauben.

Der **Vielseitigkeitssattel** eignet sich für den allgemeinen und vielseitigen Gebrauch. Bei diesem Sattel sind die Sattelblätter etwas kürzer als beim Dressursattel. Vorn und hinten ist der Sattelblattrand mit mehr oder weniger starken Pauschen versehen.

Mit einer untergelegten **Satteldecke** wird der Sattel oder das Sattelpolster vor Schweiß geschützt. Dazu eignen sich die zahlreichen im Fachhandel erhältlichen Satteldecken. Lederstrippen verbinden die Satteldecke mit dem Sattel. Die Unterlagen können aus Leder, Filz, Wollstoff oder synthetischem Material gefertigt sein. Ist die Satteldecke nach der Form des Sattels geschnitten, so muss sie mit ihrem vorderen Teil genügend in die Sattelkammer reichen und darf keine Falten bilden, denn dadurch können Scheuer- und Druckstellen am Widerristbereich des Ponys entstehen.

Sowohl zum Dressur- als auch zum Vielseitigkeitssattel kann der klassische **Steigbügel** verwendet werden. Er ist auch als schwerer Dressurbügel oder englischer Jagdbügel bekannt. Eingesteckte Gum-

Beim Arbeitskummet ist der Rahmen aus Holz gefertigt und in der Regel mit einem strohgefüllten Lederleib abgepolstert. Das Kummet liegt um den Pferdehals kurz vor der Schulter.

mieinlagen in die Bügel verbessern den Halt für den Fuß. Im Handel werden auch sogenannte Sicherheitsbügel angeboten, die sich im Falle eines Sturzes öffnen.

Für das größere Pony des Freizeitreiters eignet sich auch ein **Westernsattel**, sofern der Reiter diese Reitweise bevorzugt. Will man lange Freude an seinem Westernsattel haben, gibt man dem mit einem Hartholzsattelbaum den Vorzug. Dieser ist mit Rohhaut überzogen. Der Sattelbaum liegt beidseits des Widerrists sehr tief auf, was dem Sattel eine stabile Lage verschafft. Durch einen gut passenden Baum rutscht der Sattel auch bei einem kräftigeren Reiter nicht. Die große Auflagefläche des Westernsattels, die sogar die Schulterpartie des Pferdes mit einbezieht, lässt das Gewicht von Reiter und Sattel flächig auf den Rückenmuskeln aufliegen, behindert aber die Schulter- oder Vorhandaktion des Pferdes nicht. Anstelle von schmalen Bügelriemen ist der Westernsattel mit breiten Fendern ausgestattet. Sie halten die breiten und schweren Steigbügel in einer konstanten Lage. Die speziellen Unterlagen für den Westernsattel nennt man **Pads** und **Blankets**. Pads können aus allen möglichen Materialien gefertigt sein, Blankets sind doppelt oder einfach gelegte gewebte Decken. Dünne Blankets werden auf ein Pad gelegt, dickere, doppelt gelegte direkt auf den Pferderücken.

Fahrgeschirre

Das Brustblattgeschirr hat gegenüber dem Kummet den Vorteil, dass man es durch Verschnallen für mehrere Pferde benutzen kann. Für Fahrponys wird meist das **Brustblattgeschirr** bevorzugt, für arbeitende Ponys eignet sich mehr das Kummet, weil es das zu ziehende

Geschirr zum Reiten und Fahren   133

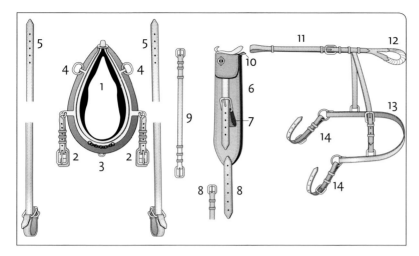

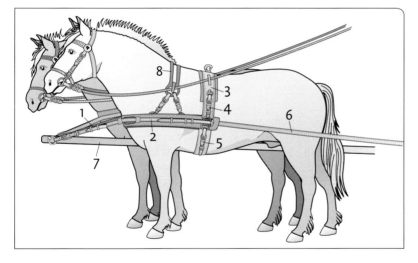

Oben: Teile des Einspännerkummetgeschirrs
1 = Kummet, 2 = Strangstutzen, 3 = Schlusskette mit Ring, 4 = Leinenaugen, 5 = Stränge, 6 = Sättelchen oder Sellette, 7 = Tragegurt mit Ledertrageauge für zweirädrige Wagen, 8 = Bauchgurtstrupfe mit zugehöriger Schnalle, 9 = Verbindungsriemen zwischen den beiden Tragegurten, 10 = Ring zum Einschnallen des Schweifriemens, 11 = Schweif- oder Schwanzriemen mit 12 = Schweifmetze, 13 = Umgang mit Seitenriemen des Hinterzeugs, 14 = Einschnallriemen zur Befestigung des Hinterzeuges an Gabelösen.

Unten: Zweispännersielengeschirr
1 = Aufhalteriemen oder Aufhalter, 2 = Siele oder Brustblatt, 3 = Kammdeckel, 4 = Bauchgurt, 5 = Sprenggurt, 6 = Zugstrang, 7 = Deichsel, 8 = Halsriemen.

Gewicht gleichmäßig auf Brust, Nacken und Schulter verteilt. **Kummet** und Brustblatt müssen gut angepasst sein, um dem Pferd ein möglichst freies Bewegen zu ermöglichen. So sollte der untere Rand des Brustblattes etwa zwei Finger breit über dem Buggelenk liegen. Brustblattzugstrang bis Zugansatzpunkt sollten eine gerade Linie bilden. Gängig ist ein lederner Zugstrang bis zum Flankenbereich des Pferdes und weiterführende Ketten oder Seile.

Der Rahmen des **Arbeitskummets** ist aus Holz gefertigt. Der Holzrahmen liegt um den Pferdehals kurz vor der Schulter; er ist in der Regel mit einem strohgefüllten Lederleib abgepolstert. Zudem ist ein Unterkissen aus rosshaargefülltem Leinen oder Filz unterlegt. Regional unterscheidet man zwischen Spitzkummet, wobei eine spitze Lederhaube das Kummet „krönt" oder einem Kummet mit oben getrennten Hölzern. Das Kummet muss dem Pferd sorgfältig angepasst werden, denn bei der Verschiedenartigkeit der Ponys ist nicht jede Halsform gleich. Das Kummetgeschirr muss am Pferdehals sanft anliegen, so dass im unteren Kehlgangsbereich noch eine flache Hand Platz findet.

Was für die Passgenauigkeit von Brustblatt und Kummet gilt, ist auch für das **Gebiss** verbindlich. Eine alte Faustregel sagt, dass bei leicht angenommenen Zügeln zwischen Pferdemaul und Gebissring noch ein Fingerbreit Platz verbleibt. Vor allem für das junge Pferdemaul sollte zuerst ausschließlich eine Gummitrense verwendet werden. Gebisse aus anderen Materialien wie Metall oder Leder, gebrochene Trensen oder Stangen können zumindest anfangs mit Streifen aus weichem Tuch oder Latexband umwickelt werden. Diese pferdemaulschonende Methode ist bei Profi- und Freizeitfahrern gebräuchlich. Zusätzlich zur Zäumung benötigt man auch Leinen- oder **Führstricke**, sofern der Fuhrmann neben, seitlich vom oder hinter dem Pferd hergeht und es mit den Leinen- oder Führstricken lenkt.

Ponys transportieren

Immer wieder wird es notwendig sein, das Pony einmal im Pferdehänger zu transportieren – sei es in eine Tierklinik oder zum Reitturnier. Es ist sinnvoll, schon lange vor einem anstehenden Termin das Pony mit dem Hänger vertraut zu machen. Dazu wird das Gefährt vorher über mehrere Tage im Auslauf abgestellt. Wenn das Fohlen den Hänger schon kennt, wird er ihm keine Furcht einjagen. Ist es noch bei der Mutter und lässt sich diese gut verladen, geht sicher das Fohlen mit der Mama problemlos in den Hänger. Dies bedeutet aber nicht, dass es das später als ausgewachsenes Pferd auch tut.

Wenige Pferde marschieren schon beim ersten **Verladen** wie selbstverständlich in den Hänger. Deshalb müssen einige Vorkehrungen getroffen werden.

Das bedeutet, es darf niemals Gewalt angewendet werden, was leider oft passiert, wenn Zeitnot mit im Spiel ist. Besser man geht schrittweise und mit Geduld vor.

Mehrere Tage hintereinander wird das Pony um den Hänger herumgeführt, es darf ihn beschnuppern und als nichts Erschreckendes zur Kenntnis nehmen.

Als nächster vorbereitender Schritt wird der Hänger an das Zugfahrzeug gekoppelt und dadurch vor dem Aufwippen oder Rollen gesichert. Dann kann die Ladeklappe heruntergelassen und die Plane hochgerollt werden, damit das Innere des Hängers hell erscheint. Auch jetzt erhält das Pferd Gelegenheit, sich mit dem veränderten Aussehen des Hängers vertraut zu machen. Wenn es mit Hilfe eines Leckerbissens einmal ein Bein auf die Ladeklappe setzt, ist schon viel

Hinweis
Das Pferd soll den ersten Transport nur mit guten Erinnerungen verknüpfen. Hat das Pferd beim ersten Verladen keine Angst oder Panik bekommen, wird es sich später problemlos in den Hänger bringen lassen.

erreicht. Mit etwas Glück folgt das Pony dem Halter auch weiter Richtung Innenteil des Hängers. Keinesfalls darf es bei diesen Versuchen erschrecken oder versuchen, rückwärts auszuweichen.

Um ein Erschrecken des Ponys durch die Geräusche beim Aufsetzen der Hufe auf eine hölzerne Ladeklappe zu verhindern, sind viele Hänger oder Ladeklappen mit rutschfestem und geräuschdämmendem Material wie Kokos- oder Gummimatten versehen. Ist dies nicht der Fall, gibt man vor dem Einladen Heu auf die Ladefläche, damit der erste Schritt möglichst lautlos ist.

Stellt sich trotz all dieser Maßnahmen das Pferdchen unwillig und will nicht in den Hänger einsteigen, müssen zwei ruhige Personen zu Hilfe geholt werden. Mittels zweier Longen oder Stricken von etwa neun Metern, die rechts und links an den Verschlusshaken oder einem anderen Eisenteil des Hängers befestigt werden, sollte das Werk schließlich gelingen.

Zunächst bilden die Helfer mit den Longen eine Gasse und wechseln, sobald das Pony die Helfer passiert hat, die Seiten, damit sich die Longen auf den Hinterbacken des Ponys kreuzen. Die Helfer positionieren sich in Höhe der Pferdeschulter und üben durch Verkürzen der Longe einen elastischen Druck auf die Hinterhand des Pferdes aus, um es zum Vorwärtsgehen zu veranlassen. Am Kopfende des Ponys führt natürlich nur seine „Vertrauensperson". Unter gutem Zureden und mit Leckerchen dürfte – wenn alle Beteiligten größtmögliche Ruhe bewahren – das Verladen erfolgreich vonstatten gehen.

Die geschilderte Maßnahme soll nur dann ergriffen werden, wenn das Pferd Schwierigkeiten bereitet und keine Neigung zeigt, seinem Besitzer in den Hänger zu folgen. Andererseits sollte, um das Pony nicht durcheinander zu bringen, auch nicht zu lange ergebnislos herumexperimentiert werden.

Hinweis
Beim Ausladen ist darauf zu achten, dass das Pony nicht hektisch herausspringt und mit den Hufen seitlich von der Verladeklappe aufkommt, was zu schlimmen Verletzungen an den Beinen führen kann. Auch hier sind Helfer, die rechts und links neben der Klappe stehen, sehr von Nutzen.

Spaß und Freude mit Ponys

Nach der Leistungsprüfungsordnung (LPO) der Deutschen Reiterlichen Vereinigung fallen Ponyspiele in den Bereich „Pony-Wettbewerbe und -prüfungen"; die Einzelheiten über Anforderungen und Bewertung liegen im Ermessen des Veranstalters und sind in der Ausschreibung festzulegen". Die Absicht besteht nicht darin, Ponyspiele als Volksbelustigung in ein Reitturnier zu integrieren. Damit wäre der Sinn der durchaus auch vom Publikum ernstzunehmenden Spiele verfehlt.

Zu Beginn waren die meisten Reiterspiele kriegerischen Ursprungs und dienten an Kavallerie-Reitschulen der Vorstellung des reiterlichen Vermögens von Offizieren und Kadetten vor Publikum – eben in spielerischer Form.

Der Spaß ist garantiert. Gefragt sind nur Geschick und ein verlässliches Pony! Vor allem dann, wenn man an Ponyspielen nach der Leistungsprüfungsordnung der Deutschen Reiterlichen Vereinigung teilnehmen will.

Ponyspiele

Ponyspiele machen vor allem Kindern sehr viel Spaß, auch wenn sie mit Spiel im eigentlichen Sinn wenig zu tun haben. Im Gegenteil: Sie erfordern ein hohes Maß an reiterlichem Können und ein perfektes Eingehen auf das Pony. Gewiss gehören auch etwas Mut und **Geschicklichkeit** sowohl beim Reiter als auch beim Pony dazu. Die Spiele haben den Charakter eines, wenn auch spielerischen Wettbewerbs, dienen aber in erster Linie der Entspannung und Erholung. Sie bereiten Freude und bringen Abwechslung in den reiterlichen Alltag. Das **Vertrauen zwischen Reiter und Pferd** wird gefördert, denn gegenseitige Verlässlichkeit – auch in kritischen Situationen – ist Grundvoraussetzung für die Teilnahme an Ponyspielen. Die Reiter lernen auch, diszipliniert miteinander umzugehen und Rücksicht aufeinander zu nehmen. Kameradschaft und Teamgeist bei Mannschaftsspielen werden gestärkt. Es bietet sich eine Vielzahl von Aufgaben und Kombinationen daraus in Reiterspielen an, die auch oder gerade für das Pony geeignet sind.

Vorbereitung

Zum Üben der Ponyspiele ist kein besonders angelegter Reitplatz nötig. Weiden und Wiesen können gut als Übungsplatz dienen. An Ponyspielen kann nur teilnehmen, wer sich und sein Pony gut darauf vorbereitet hat, also gehört Üben nun einmal dazu. Muss beispielsweise während der Spiele häufig ein Gegenstand vom Reiter aufgehoben oder getragen werden, sollte er lernen, sein Pony mit einer Hand zu lenken. Dieses muss in allen Gangarten dem Zügel am Hals gehorchen. Ohne Zögern geht das Pony an alles heran und bleibt dort stehen, wo und wann immer es der Reiter fordert. Natürlich darf es vor nichts scheuen, auch dann nicht, wenn der Reiter zum Beispiel eine flatternde Fahne trägt und sie ihm vor dem Kopf schwenkt. Verlangt es das Spiel, dass der Reiter absitzt und zu Fuß geht, folgt das Pony willig und flott an der Hand. Selbstverständlich bewegt es sich in jeder gewünschten Gangart oder es springt in eine solche um.
All dies lernt das Pony nicht in ein paar Tagen oder Wochen, ein längeres und intensives Training ist dazu notwendig.

Das Üben des **schnellen Ponyführens** kann überall vor sich gehen. Dabei soll das Pony lernen, in Schulterhöhe neben dem Reiter herzulaufen. Im Idealfall bleibt es auch prompt stehen, wenn sein Führer stoppt. Dass es zum Aufsitzen absolut **still stehen** muss und sich erst dann in Bewegung setzt, wenn es vom Reiter dazu aufgefordert wird, sollte Bestandteil der allerersten Übungen sein und ist in der Grundausbildung verankert.

Damit es körperlich geschmeidig und in sich biegsam wird, empfiehlt sich das **Slalomreiten**, das vielen Aufgaben in den Spielen zugrunde liegt. Dazu genügt eine Reihe Stangen, wenn man alleine

Das Pony wird zuerst unter positiver Konditionierung mit allem Neuen und Ungewohntem, das in den einzelnen Spielen vorkommen kann, langsam vertraut gemacht.

übt oder zwei Reihen für das Üben zu zweit. Die Slalomstangen sollten eine gewisse Stabilität besitzen und oben eine Fläche aufweisen, auf der im Vorbeireiten Gegenstände abgelegt oder abgenommen werden können. Die Stangen werden im Abstand von etwa 5 m fest in den Boden gerammt. Die Entfernung der Reihen zueinander beträgt 10 m, damit sich die konkurrierenden Reiter nicht gegenseitig behindern. Für jede Reihe sieht man 5 Stangen vor. Etwa 8 m vor dem ersten Pfahl wird mit Sägemehl eine Start-/Ziellinie markiert.

Zu Beginn der Übungen fallen die Schlangenlinien um die Pfähle noch sehr groß aus. Je flacher die Bögen mit der Zeit geritten werden, desto dichter kommt man an die Pfosten heran, was schließlich anzustreben ist, denn mit dem kürzestmöglichen Weg erzielt der Reiter die schnellste Zeit. Am Anfang steht aber noch nicht die Geschwindigkeit, denn das Pony muss erst lernen, auf die Gewichtsverlagerung des Reiters einzugehen. Je schneller und leichter es dies kann, je flacher werden die Bögen. Dann erst übt man dies in langsamem Galopp. Keinesfalls darf dabei das Tempo zu schnell werden, das Pony soll ohne Aufregung die Pfosten angehen, dabei keinen auslassen oder zu dicht herangaloppieren. Ein routiniertes Pony springt später, wenn nötig, im Galopp immer selbst auf die richtige Hand um. Wichtig beim Slalomreiten ist ein ruhiges und gleichmäßiges Tempo vom Start bis zum Ziel.

Bei Wettrennen wie dem **Stafettenlauf** muss das ankommende Pferd so dicht an das stehende herankommen, dass der Reiter bequem den Stafettenstab übernehmen kann. Dann gibt es das **Ringstechen**, wobei der Reiter mit einem Spiel aufgehängte Ringe treffen muss. Von Amerika bekannt und dort äußerst beliebt ist das **Tonnenrennen**, bei dem in unglaublicher Wendigkeit drei Tonnen zu umreiten sind. Lustig ist der Eierlauf: der Reiter startet mit einem Ei auf dem Löffel. Beim **Cowboyreiten** wird geschicktes Umgehen mit dem Lasso vom Reiter verlangt.

Der Sinn aller Ponyspiele ist, bei den Beteiligten Freude und Spaß am Dabei sein und Mitmachen zu wecken, der ernste Wettkampf steht eher an zweiter Stelle. Teilnahmeberechtigt an Ponyspielen oder **Allroundturnieren** ist jeder Reiter mit seinem Pferd. Es gibt keine Auflagen hinsichtlich der Reitweise, jeder Stil ist erlaubt, so lange er sich nicht als tierschutzrelevant erweist. Das Aussehen (Exterieur) des Pferdes oder allgemein rassespezifische Merkmale stehen ebenfalls nicht im Vordergrund. Entscheidend für Bewertungen ist die Harmonie und die Zusammenarbeit zwischen Reiter und Pferd, die auf gegenseitigem Vertrauen basiert.

Weitere Unternehmungen, die man mit Ponys machen kann und die Erlebnis und Spaß mit sich bringen sind **Orientierungsritte**, die in einem unbekannten Gelände besondere Spannung versprechen. Dass ein Team dabei auf alle möglichen Unwägbarkeiten gut vorbe-

> **Hinweis**
> Das Pony ist dann gut trainiert, wenn es von alleine nahe an die Pfosten herangeht und beim Abnehmen der Kartoffel kurz stehen bleibt. Auch hält es von allein dicht am Eimer an.

reitet sein muss, versteht sich von selbst. An das Überwinden verschiedener Bodenbeschaffenheiten im Gelände mit liegenden Stangen, umgefallenen Bäumen oder anderen kleinen Hindernissen sowie das Klappern der Hufe beim Reiten über eine Holzbrücke sollte das Pony rechtzeitig gewöhnt werden.

Übungen im Parcours sind oft an das Westernreiten angelehnt, wie etwa das Stangen-L. Dies ist eine beliebte Steuerungsaufgabe im **Geschicklichkeitsparcours,** der noch mit vielen anderen kniffligen Hindernissen ausgestattet sein kann.

Wanderreiten

Kaum eine Freizeitbeschäftigung schafft so viel Freude und Zufriedenheit, wie das Reiten mit Ponys in Wald und Flur. Gerade in unserem übertechnisierten Zeitalter ist Wanderreiten eine Urlaubsform, bei der man nicht nur der Natur wieder näher kommt, sondern die auch Erholung an Leib und Seele bietet.

Dass ein solches Unternehmen gut durchorganisiert und Pony und Reiter für den Ritt absolut fit sein müssen, sollte als selbstverständliche Voraussetzung gelten. Daher ist eine längere **Vorbereitungs- und Trainingszeit** nötig, sonst überstehen Reiter und Pferd den Ausflug in die Natur womöglich nicht ohne größere Blessuren. Ein Wanderritt mit kurzer Reitzeit und langsamem Tempo, ohne Mitnahme von Gepäck, bedarf natürlich keines so ausgiebigen Trainings.

Ponys eignen sich wegen ihrer Robustheit und Anspruchslosigkeit ausgezeichnet für das Freizeit- und Wanderreiten, schon auch deshalb, weil sie ihrer Haltung entsprechend gewohnt sind, draußen zu leben. Ein Regenguss kann ihnen so leicht nichts anhaben. Ponys verwerten ihr Futter viel besser als größere Pferde und die Tatsache, dass sie mit wenig Kraftfutter auskommen, erweist sich beim Futtertransport für den Ritt als Vorteil.

Ob man als Einzelreiter einen Wanderritt plant oder zusammen mit einer Gruppe, bleibt jedem einzelnen Reiter überlassen. Die Unfallgefahr ist beim Einzelreitenden nicht größer, nur das Herbeiholen von Hilfe ist in der Gruppe einfacher. Der Einzelreiter sollte an seinem täglichen Ausgangspunkt stets die geplante Wanderroute hinterlassen, damit nach ihm gesucht werden kann, wenn er längere Zeit

Hinweis
Pferdetrekking ist eine andere Bezeichnung für Wanderreiten. Beiden Unternehmungen liegt die gleiche Motivation zugrunde: gemeinsam mit dem Pferd die Natur und Landschaft zu erkunden.

Hinweis
Die Ponys müssen voll entwickelt, wenigstens fünf, besser sechs Jahre alt sein, ehe sie einen, die volle Kraft von Pferd und Reiter beanspruchenden Wanderritt mitmachen können.

Wichtig sind ferner gute Hufe, regelmäßige Gliedmaßenstellung, gute Sattellage und ein tiefer Brustkorb. Das Pony muss sich in einem guten Futterzustand befinden, weder zu mager noch zu fett sein.

Ein Familienausritt mit Pferden und Ponys macht jedem Spaß, Groß und Klein, Alt und Jung. Nicht vergessen: Ein Reithelm oder eine im oberen Bereich verstärkte Reitkappe machen die Ganze Sache um einiges sicherer.

überfällig ist. Auch über ein Mobiltelefon kann er sich melden oder man kann versuchen, Kontakt zu ihm aufnehmen, falls er nicht zum erwarteten Zeitpunkt an seinem Tagesziel eintrifft.

Die Reiter einer **Gruppe** müssen sowohl von ihrem reiterlichen Können her **zusammenpassen** als auch die rechte Einstellung zum Wanderreiten mitbringen. Reiter, die zum Beispiel unachtsam über bestellte Felder reiten und auch sonst dazu angetan sind, anstelle von Anerkennung durch Wohlverhalten mehr Schrecken unter den nicht reitenden Mitmenschen zu verbreiten, eignen sich von vornherein nicht für ein von der Gemeinschaft getragenes Unternehmen, abgesehen davon, dass sie lieber gar kein Pferd besteigen sollten.

Damit sich auch die Ponys aneinander gewöhnen und man seine Mitreiter beziehungsweise Mitstreiter kennenlernt, empfiehlt es sich, bereits das vorbereitende Training für den Wanderritt gemeinsam zu gestalten. Auf diese Weise kann sich am ehesten ein aufeinander eingeschworenes Team bilden und auch schon vor dem eigentlichen Ritt Spaß miteinander haben. Der erfahrenste Reiter der Gruppe wird zum „Boss" bestimmt, der Entscheidungen zum Wohle Aller trifft. Seinen Anweisungen ist unbedingt Folge zu leisten, denn ohne Disziplin ist ein solches Unterfangen zum Scheitern verurteilt.

Vorbereitungstraining
Mindestens vier Wochen vor dem geplanten Wanderritt beginnt man mit dem Training des Ponys, damit Sehnen, Muskeln, Gelenke, Herz und Lunge einsatzbereit und belastungsfähig sind. Dies gilt, wenn das Pony auch vorher bereits regelmäßig, das heißt täglich, geritten worden ist. Kommt es hingegen von der Weide, kann es nicht innerhalb

ein paar Wochen die erforderliche Kondition für einen längeren Wanderritt erlangen.

Die **Vorbereitung** des regelmäßig gerittenen Ponys besteht zunächst in zwei- oder dreistündigen Übungsmärschen im Gelände. Am Wochenende kann probeweise ein längerer Ausritt gemacht werden. Ein für alle Ponys gleiches Trainingsschema gibt es nicht, obwohl bestimmte Richtlinien anwendbar sind. Die Steigerung der **Anforderungen** muss dem einzelnen Pony angepasst werden, entsprechend seiner **Leistungsfähigkeit** ist das Training aufzubauen. Warme Sehnen, Schwellungen oder gar Schmerzhaftigkeit sind untrügliche Zeichen, dass das Pony überfordert worden ist.

Das Pony für den Wanderritt sollte charakterlich einwandfrei und verkehrssicher sein. Es darf weder vor Autos und Zügen, noch vor dröhnendem Flugzeuglärm erschrecken. Auch muss das Pony frühzeitig damit vertraut gemacht werden, problemlos Bäche, Flüsse oder Seen zu durchqueren, wobei auf Schutt und Glasscherben im Wasser zu achten ist.

Da das Pony beim Klettern das Gewicht mit dem Reiter und der Packlast ausbalancieren muss, ist auch ein **Bergauf- und Bergabreiten** samt Ballast in das Trainingsprogramm aufzunehmen. Dabei wird von kleinen Steigungen allmählich auf höhere Anforderungen übergegangen.

Beispiel für einen Trainingsplan
- bis 3. Tag: Zweimal täglich ½ Stunde Schritt und Trab,
- 4. bis 7. Tag: Zweimal täglich 1 Stunde Schritt und Trab, etwa 8 bis 11 km,
- 7. bis 14. Tag: Zweimal täglich 1 Stunde mit Klettern,
- 14. bis 21. Tag: Zweimal täglich 1½ Stunden, insgesamt 19 km oder mehr mit wechselnden Gangarten,
- Mitte und Ende der 4. Woche: Jeweils ein Ritt von 40 km,
- 5. Woche: Drei Ritte über je 40 km schwieriges Gelände (an den Tagen nach den langen Ritten jeweils zweimal 2 Stunden lang reiten),
- 6. Woche: Ruhewoche mit zweimal täglich 1 Stunde Bewegung.

Ausrüstung

Zu den wichtigsten Vorbereitungen des Wanderritts ist der zweckmäßigen Ausrüstung von Reiter und Pferd. Dies gilt besonders für den Sattel. Während für einen kleineren Ritt ohne Gepäck durchaus ein normaler genügt, müssen an einen ausschließlich für das Wanderreiten vorgesehenen **Sattel** gewisse Anforderungen gestellt werden. Immer gilt, dass er den Widerrist des Ponys nicht einklemmen darf, weshalb er weit genug sein muss. Auch hat die Kammer des Sattels so hoch zu sein, sodass er nicht auf der Wirbelsäule aufliegt. Als Minimum gelten 2 cm Zwischenraum mit dem Reiter im Sattel. Notfalls muss der Sattel schon in der Trainingszeit aufgepolstert werden, da die Ponys während des Trainings und dem anschließenden Ritt ohnehin abnehmen. Einerlei, ob für den Wanderritt nun ein alter Militärsattel oder ein Vielseitigkeitssattel verwendet wird, es muss immer aufmerksam kontrolliert werden, dass er nicht auf dem Widerrist aufliegt und dann Satteldruck verursacht.

Das Gewicht von Reiter und Zubehör ist vom Sattel auf eine möglichst große Fläche des Ponyrückens zu verteilen. Dazu muss der Sattel mit Trachten versehen sein, die sich meistens hinten befinden. Sind sie zu lang, können sie auf der Nierenpartie aufliegen, sie dürfen aber auch von vorn die Bewegung des Pferdes nicht einengen. Das Gepäck soll so am Sattel verstaut werden, dass es nirgends am Pony scheuert und auch nicht wackelt.

Jeder Sattel kann für einen Wanderritt entsprechend mit Ringen und Ösen und auch einem Mantelsackträger ausgerüstet werden, was aber nur ein Fachmann vornehmen sollte. Die Befestigungsringe des Gepäcks müssen absolut fest sitzen und dürfen nicht abreißen. Sättel, die über der Wirbelsäule sehr hoch sind, verteilen die Last auf eine große Fläche und sind deshalb zu bevorzugen.

Unter den Sattel gehört eine dicke, saugfähige Unterlage. Normale Sattelunterlagen eignen sich für Wanderritte nicht, da sie zu klein sind und die Packtaschen dann direkt auf dem Pony liegen.

Im Handel werden für diese Zwecke moderne **Sattelunterlagen** angeboten: Gelkissen und Sattelpads, Koddelpads, Filzpads und andere. Unter Wanderreitern sind die Vor- und Nachteile dieser Unterlagen sowie die praktischen Erfahrungen damit immer ein großes Diskussionsthema. Viele Wanderreiter schwören nach wie vor auf den **Woilach**, die Satteldecke der Kavallerie, der auch heute noch in Reitfachgeschäften zu bekommen ist.

Es handelt sich dabei um eine 195 × 225 oder 235 cm große Decke aus einem dichten Gewebe von ungebleichter Naturwolle, die sehr viel Feuchtigkeit aufnehmen und abgeben kann und von Natur aus schmutzabweisend ist. Die vielen Schichten des Woilachs, die durch das bewährte Zusammenfalten entstehen, sind sein eigentliches Geheimnis. Sie verteilen die Krafteinwirkung zwischen Sattel und Pferderücken auf eine größere Oberfläche und verhindern so Druck- und Scheuerstellen bei langen Ritten. Wird der Woilach umgefaltet, kommt immer wieder eine frische Seite auf den Pferderücken zu liegen und Schweiß und Staub der Vortage kommt nicht mit der frischen Auflage in Berührung. Nicht zu verkennen ist auch die Tatsache, dass man zugleich eine Decke für das Pferd zur Verfügung hat, wenn es in längeren Pausen während des Rittes eingedeckt werden muss.

Der Woilach wird, je nach Größe der Decke und des Sattels, vier- oder sechslagig **gefaltet**. Dann legt man ihn von links auf das Pferd,

> **Wichtig**
> Niemals darf anlässlich eines Wanderrittes ein neuer Sattel eingeweiht werden. Das Pony muss sich lange vorher daran gewöhnt haben.

wobei das offene Ende der gefalteten Decke hinten zu liegen kommt. Vor dem Festgurten muss der Woilach nochmals sorgsam in die Sattelkammer eingezogen – gekammert – werden, damit er während der Bewegung des Pferdes genügend Spiel hat und nicht auf den Widerrist drücken kann. Ganz wichtig ist, dass er auf der ganzen Fläche unter dem Sattel faltenfrei aufliegt.

Von der Vielzahl der angebotenen **Sattelgurte** eignen sich nur solche, die keinen Gurtendruck verursachen. Bewährt sind unzerreißbare Sattelgurte aus vierfachen Zügelgurten ebenso wie Baumwollgurte und heute auch elastische Gurte aus Kunststoff. Der Gurt soll möglichst breit und weich sein. Man muss so angurten, dass noch eine flache Hand unter den angezogenen Gurt geschoben werden kann. Um einem Verrutschen des Sattels in hügeligem Gelände vorzubeugen, empfiehlt sich ein gut sitzendes Vorderzeug und ein Schweifriemen.

Die **Packtaschen** werden unverrückbar am Sattel befestigt und beidseits gleich schwer bepackt. Packtaschen sind mit einem Bauchgurt ausgestattet, damit sie nicht scheuern oder sich bewegen können. Meistens werden Doppelpacktaschen verwendet, die man hinter dem Sattel anschnallt; es sind aber auch Einzelpacktaschen im Handel, die über Schnallen direkt mit dem Sattel verbunden sind. Der Mantelsack, der Reservekleidung, Anbindestricke und den Hafersack und anderes aufnimmt, wird vom Mantelsackträger gehalten. Ist der Mantelsack richtig verschnallt, so schwebt er wenige Zentimeter über der Wirbelsäule des Ponys.

Bei einem gelegentlichen Ausritt genügt normales **Zaumzeug**. Immer dabei haben sollte der Reiter eine **Anbindevorrichtung**. Wird das Zaumzeug mit einem Halsriemen kombiniert und an diesem ein Anbindestrick befestigt, kann dies zum Festmachen des Ponys dienen. Für den Wanderritt eignet sich das sogenannte Marschhalfter – ein leichtes Stallhalfter mit durchgehendem Kehlriemen, das mit einem Anbindestrick oder -riemen versehen ist. Das Trensenkopfstück mit der Trense kommt über das Marschhalfter. Mit einer Trense, die mit Knebeln versehen ist, kann man jedes Stallhalfter zum Wanderhalfter umfunktionieren. Als Gebiss wird das benutzt, das auch sonst im täglichen Gebrauch ist, in der Regel eine gewöhnliche **Wassertrense**. Moderne Wanderreithalfter haben ein abschnallbares Gebissstück, funktionieren also nach dem gleichen Prinzip und sind Halfter und Reittrense in einem. Abzuraten ist von allen gebrochenen Gebissen mit Hebelwirkung, die das Maul des Ponys seitlich einkneifen.

Zum **Anbinden** verwendet man einen gewöhnlichen Anbindestrick mit Panikhaken oder einen Anbinderiemen.

Ponys, die unter dem Marschhalfter stark schwitzen, sollten lammfellüberzogene Kopfstücke bekommen. Ein Fressbeutel aus festem Segeltuch dient sowohl zum Füttern als auch zum Tränken.

Pony und Wanderreiter machen Pause. Gut, wenn ein Vierbeiner dabei ist, der solange auf die Sachen aufpasst.

Der Reiter sollte sich mit einer zweckmäßigen und bequemen **Bekleidung** ausstatten. Die Stiefel dienen nicht nur zum Reiten, man muss auch gut damit laufen können. Eine herkömmliche Reithose ist nicht unbedingt erforderlich. Sehr bequem sind zum Beispiel Breecheshosen. Die Kleidung muss immer der Jahreszeit angepasst sein und auch bei Wetterumschwüngen die Möglichkeit zum Improvisieren bieten. Notwendig sind ferner eine Kopfbedeckung, Reservekleidung, Feldflasche, elastische Binden, Fliegenschutz für Reiter und Pferd, Handschuhe, Regenschutz, Reitmantel und nicht zu vergessen die Apotheke.

Wenn irgend möglich, verwendet man beim Trekking ein leichtes, dünnes **Hufeisen**. Dadurch wird der Huf geschützt und dem Pferd Halt geboten wird. Das Eisen soll den Hufmechanismus möglichst wenig behindern. Der Zeitpunkt des letzten Hufbeschlags liegt am besten eine Woche vor dem Beginn des Wanderritts. Da es meist nicht zu umgehen ist, auch Asphaltstraßen zu benutzen, empfiehlt es sich, kurze Hartstiftstollen zu verwenden. Reservestollen, eine genügende Anzahl Hufnägel und eventuell gut angepasste Reserveeisen sollten im Gepäck mitgeführt werden.

Unterwegs

Die Streckenplanung des Wanderritts wird anhand einer entsprechenden Landkarte vorbereitet, Entfernungen und Tagesetappen festgelegt. Fremdenverkehrsverbände der verschiedenen Regionen haben dazu viele Informationen parat und auch im Internet kann man sich Ideen und Tipps besorgen. Trotzdem sollte man in fremdem Gelände immer einen Kompass oder ein mobiles Satellitennavigationsgerät zur Hand haben.

Die Ponys werden zwei Stunden vor dem morgendlichen **Abritt** gefüttert und davor getränkt. Das Futter ist so aufzuteilen, dass morgens und mittags etwa ein Drittel bis zur Hälfte verabfolgt wird und die

Hinweis
Es ist unumstößliches Gebot: Pferde dürfen niemals am Zügel angebunden werden, auch wenn Westernfilme immer wieder veranschaulichen, wie Reiter lässig mit der Sicherung ihrer Pferde umgehen.

Hinweis
Als weiteres Zubehör sind nicht zu vergessen: Zwei Lampen, Leuchtbandagen, Pferdeputzzeug und Hufkratzer, Verbandszeug, Pferdefutter und die Tagesverpflegung für den Reiter.

Hauptmahlzeit abends erfolgt. Nach dem Ritt tränkt man die Ponys erst dann, wenn sie sich wieder abgekühlt haben. Auf den Wassereimer aufgelegtes Heu verhindert ein zu gieriges Saufen. Zwei Stunden nach der abendlichen Fütterung erfolgt noch ein Nachtränken.

Zur **Mittagsrast** im Freien eignet sich ein möglichst baumbestandener, schattiger Platz. Werden die Ponys nicht abgesattelt, so ist darauf zu achten, dass sie sich nicht hinlegen und wälzen. Wenn es die Zeit erlaubt, sollte aber lieber abgesattelt werden, wobei die Satteldecke bis zum Austrocknen der Sattellage auf dem Pony verbleibt.

Nach Ablauf einer gerittenen Stunde wird das Pony für zehn Minuten geführt, was auch dem Reiter gut tut. Das vorher besorgte **Quartier** sollte spätestens zwei bis drei Stunden vor Sonnenuntergang erreicht werden. Hafer bekommt das Pony erst eine Stunde nach dem Eintreffen im Quartier vorgelegt, zuerst soll es Heu fressen. Ob die Reiter nun im Schlafsack in der Nähe des Ponys übernachten oder ein anderes Quartier beziehen, zu ihrer Beruhigung und zum Schutz der Ponys empfiehlt sich das Aufstellen einer Wache.

Vielfach wird von der Möglichkeit Gebrauch gemacht, das Futter für die Pferde und das Gepäck zum jeweiligen Rast- oder Quartierplatz mit einem **Transportfahrzeug** vorausfahren zu lassen, was die ganze Planung natürlich sehr erleichtert. Beim Mitführen eines **Packpferdes** verringert sich das Marschtempo der Gruppe. Ein Packpferd muss ebenfalls voll trainiert sein, aber eben mit der Packlast. Das Wandern mit einem Packpferd erfordert von dem Reiter noch sehr viel mehr Aufmerksamkeit als er ohnehin für sein eigenes Pferd schon aufwenden muss. Führ- und Packpferd müssen aneinander gewöhnt werden, damit es unterwegs nicht zu Keilereien kommt. Die Ladung eines Packsattels muss fest mit diesem verbunden sein und sich im Gleichgewicht befinden.

Wenn irgend möglich, reitet man weit abseits von asphaltierten Straßen. Beim Trekking mit größeren Ponys ist für die ersten Tage 25 bis 30 km **Wanderstrecke** anzusetzen. Das heißt aber nicht, dass der Reiter die gesamte Tour im Sattel zurücklegt. Zwischendurch wird das Pony immer einmal ein Stück des Weges geführt. Im Schritttempo beträgt das Pensum eines großen Ponys etwa 10 Minuten für 1 km, im Trab etwa 5, und im Arbeitsgalopp etwa 3 pro km. Jeden 3. bis 4. Tag legt man wenigstens einen halben Ruhetag ein.

Normalerweise gehen die Pferde paarweise oder den Gegebenheiten des Geländes entsprechend hintereinander. Dann bleibt jedes Pferd in der ihm zugeteilten Position. Die Ponys verhalten sich am ruhigsten, wenn die Gruppe dicht beieinander bleibt. Im Gelände lässt man das Pony, wenn irgend möglich, am langen, beziehungsweise in leichter Anlehnung am Zügel gehen. So kann sich das Pony am besten seinen Weg zu suchen und die für sich selbst schonendste Gehweise und Haltung herauszufinden. Nur wenn es besondere Situ-

Hinweis
Für das Bepacken eines Pferdes gilt die Regel: Es ist maximal mit einem Fünftel oder Sechstel seines Eigengewichts zu belasten. Wenngleich Kleinpferderassen auf Grund ihrer festeren Knochenstruktur ein wesentlich höheres Tragvermögen besitzen, sollte die Belastung in Grenzen bleiben. Auf kurzen Ritten wirkt sich eine geringe Überbelastung noch nicht weiter schlimm aus, während Tages- und Mehrtagesritten grenzt sie dann doch schon an Tierquälerei.

ationen wie beispielsweise Straßenverkehr erfordern, muss es aufmerksam am Zügel stehen.

Beim **Bergaufreiten** neigt der Reiter zur Entlastung des Pferdes den Oberkörper nach vorne. Beim **Bergabreiten** ist senkrecht in den Hang zu steigen, wobei sich ein Vorneigen des Reiters im Hang wegen des vorne aufgeschnallten Gepäckes nicht empfiehlt. Die Gangart für den Bergabritt ist immer Schritt, besser noch, der Reiter führt sein Pony.

Abends und während jeder Rast überprüft der Reiter den **Hufbeschlag**, wobei abgerissene Nägel schnellstmöglich auszuwechseln sind. Auch untersucht man die Hufe auf eingetretene Steine und andere Fremdkörper. Die verschmutzten Hufe werden abends gewaschen und anschließend eingefettet.

Bewährt hat es sich, die ersten zwei oder drei Stunden nach dem Ritt, die Hinterbeine des Ponys warm einzupacken. Thermobandagen mit Klettverschluss sind an sich ideal und lassen sich rasch anlegen, sie erweisen sie sich allerdings als sperrig. Ein mit Bandagen befestigtes Frottierhandtuch erfüllt zudem den gleichen Zweck.

Wenn sich während des Wanderritts die Möglichkeit ergibt, die Ponys **baden** zu lassen, sollte dies genutzt werden. Allein das Einstellen des Ponys in einen Bach für 15 bis 20 Minuten bedeutet für die strapazierten Ponybeine eine große Wohltat. Es muss jedoch sichergestellt sein, dass kein Unrat auf dem Grund des Wassers liegt, der zu Verletzungen führen kann. Abspritzen der Beine mit dem Wasserschlauch erfüllt natürlich auch seinen Zweck.

Die Sattel- und Gurtenlage wird bei warmem Wetter abends nach getaner Arbeit mit einem Schwamm abgewaschen.

> **Hinweis**
> Ein Pony, das Sehnenschoner, Bandagen oder Streichkappen benötigt, sollte nicht als Wanderreitpferd genutzt werden. Zu groß ist die Gefahr des Festsetzens von Sand und Steinchen, was zu wunden und schmerzhaften Beinen führt. Mit einem korrigierenden Hufbeschlag kann man versuchen, das Streichen und Greifen zu verhindern.

Nachwuchs

Der Wunsch mit der eigenen Ponystute zu züchten, ist verständlich. Der angehende Züchter muss sich aber darüber im Klaren sein, dass er mit dem geplanten Vorhaben eine große Verantwortung übernimmt. Auch muss daran gedacht werden, dass die Ponystute mit einem Fohlen als Reitpferd nicht mehr uneingeschränkt genutzt werden kann. Wenn im Vorfeld nicht sichergestellt ist, dass die Voraussetzungen für die erfolgreiche Aufzucht eines eigenen Fohlens geboten werden können, sollte man den Gedanken nicht weiter verfolgen.

Zu den idealen **Aufzuchtbedingungen** gehören unter anderem die Aufzucht im Sozialverbund mit gleichaltrigen und -geschlechtlichen anderen Fohlen ausreichender Weidegang, eine gesunde Unterbringung mit Auslaufmöglichkeit, vor allem in der vegetationsarmen Jahreszeit, wenn eine Winterweide mit einem Unterstand zum Schutz gegen jegliche Witterungseinwirkungen nicht zur Verfügung steht. Insgesamt erfordert die Zucht große Opfer an Zeit und Geld und der finanzielle Gewinn rechnet sich unter dem Strich selten – vor allem dann nicht, wenn die Stute mehrmals nicht tragend wird oder gar das Fohlen verendet.

Verpaarung

Damit die körperliche Entwicklung der Stute nicht leidet, sollte sie das 3. Lebensjahr vollendet haben, bevor sie zur Zucht eingesetzt wird. Die Ponyrassen gehören zu den Pferden mit der höchsten Befruchtungsrate, und wenn die Stute dennoch güst bleibt, ist meist weder die Stute noch der Deckhengst dafür verantwortlich, viel mehr der Pferdehalter. Es kann an einer schlechten Haltung von Hengst oder Stute liegen, dass es mit der Befruchtung nicht klappt, oft aber wird einfach der richtige Decktermin verpasst.

Auf die Hengsthaltung hat der Stutenbesitzer freilich wenig oder überhaupt keinen Einfluss. Als günstige Voraussetzung für die geplante Paarung sowohl für einen Deckhengst als auch die Stute gilt die natürliche, weil gesündeste **Haltung**. Dazu gehört ausgiebige **Bewegung** auf der Weide oder im Geschirr oder auch unter dem Sattel. Eine gute Kondition hat zwar nichts mit Fett auf den Rippen zu tun, mager dürfen die Tiere aber auch nicht sein.

Ende des Winters und mit Beginn des Frühjahrs leiden Stuten häufig unter Vitamin- und Mineralstoffmangel. Es ist deshalb wichtig, frühzeitig mit der Gabe eines guten Mineralstoffgemischs und eines vitaminhaltigen **Zufutters** zu beginnen. Wenn das zur Verfügung stehende Heu nicht hochwertig ist, empfiehlt sich Trockengrün, im Frühwinter Karotten und später gute Silage. Nach Abschluss der Weidezeit und – ausgenommen bei hochtragenden Stuten – im Frühjahr einige Wochen vor dem Austrieb, sollte nach Anweisung des Tierarztes eine gründliche Wurmkur durchgeführt werden. Eine tierärztliche Untersuchung kann vielleicht auch Aufschluss darüber geben, warum die Stute im Vorjahr verfohlt hat oder leer geblieben ist.

Die stille Rosse mancher Ponystuten, besonders der Fjordpferde, erschweren die Bestimmung des richtigen **Decktermins** unter Umständen. Bei Erstlings- und güsten Stuten kann das Umstellen neben ein anderes Pferd hilfreich sein. Bei Verfütterung des ersten Grünfutters bei Beginn des Weideganges tritt die Rosse meist deutlicher zutage. Letztendlich hilft das Einstellen neben dem Deckhengst auf der Deckstation oder, wenn möglich, ein gemeinsamer Weidegang. Auch bei der heute gängigen künstlichen Besamung ist die Kenntnis des richtigen Zeitpunkts für eine erfolgreiche Insemination unumgänglich.

Die **Rosse** dauert in der Regel 4 bis 6 Tage. 16 bis 17 Tage nach dem Ende der Rosse wird die Stute, wenn sie nicht aufgenommen hat, wieder rossig. Die sogenannte Fohlenrosse tritt etwa am 9. Tag nach der Geburt ein und wie erwähnt, zeigt sich dies beim Fohlen wie auch bei den folgenden Rossephasen der Mutterstute dann als Durchfall. Die Milch der Mütter verändert sich durch die Hormonumstellung. Anzeichen für die Rosse sind: Unruhe, Kitzligkeit, häufiges Harnlassen und „Blitzen". In diesem Stadium lassen sich die Stuten meist problemlos vom Hengst decken. Junge Stuten bereiten hingegen schon gewisse Anfangsschwierigkeiten und zeigen eine Abwehrhaltung gegen den Hengst. Dort wo sich der Mensch am wenigsten ins Deckgeschehen bei den Pferden einmischt, ist die Befruchtungsrate am höchsten. So erstaunt es nicht, dass Islandponys bei freiem Weidegang mit dem Hengst, der dem natürlichen Trieb folgend die deckbereiten Stuten eben zum richtigen Zeitpunkt deckt, eine Befruchtungsquote um 90 % haben.

Der Besitzer einer einzelnen Ponystute muss sie vor allem gut beobachten. Wenn möglich, sollte die Stute alle zwei Tage gedeckt werden, wobei der erste Deckakt am 2. oder 3. Tag der Rosse erfolgt. Der Zeitpunkt zwischen 36 bis 48 Stunden vor Ende der Rosse gilt als der günstigste Decktermin.

Trächtigkeit

Die Tragezeit bei den Pferden beträgt zwischen 320 und 355 Tagen – also etwa elf Monate. Der beste Frühnachweis der Trächtigkeit ist eine tierärztliche Untersuchung der Gebärmutter vom Mastdarm aus. Ein geübter Veterinär kann in dieser Untersuchung etwa vom 25. bis 30. Tag an feststellen, ob die Stute tragend ist. Die Angst des Pferdehalters, sie könnte infolge der Untersuchung verfohlen, ist unbegründet. Eine **Blutuntersuchung** auf Trächtigkeit ist zwischen dem 40. und 120. Tag Erfolg versprechend.

Während der ersten Hälfte der Trächtigkeit kann die Stute normal geritten werden, in der zweiten Hälfte ist die Belastung nicht mehr zu stark anzusetzen. Leichte Arbeit bis zum Abfohlen wirkt sich allerdings sogar förderlich für auf einen reibungslosen Geburtsvorgang aus.

Oft werden trächtige Stuten regelrecht überfüttert, womit ihnen als auch den zu erwartenden Fohlen nichts Gutes getan und auch noch die Geburt erschwert wird. Während der ersten neun Monate der Trächtigkeit ist für ein reiches Eiweißangebot bei mittlerem Energie- und Vitaminangebot zu sorgen. Die **Futtermenge** sollte einem arbeitenden Pony bei mittlerer Belastung entsprechen. Meist muss ja während der ersten sechs Monate der Trächtigkeit nicht nur der Fetus, sondern auch noch ein Fohlen bei Fuß versorgt werden. Erst wenn dieses abgesetzt ist, soll die Futterration etwas gesenkt werden und der eines leicht arbeitenden Ponys angepasst sein. Der Fetus hat acht Wochen vor dem Abfohlen seine größte Gewichtszunahme erreicht und gerade jetzt sind eine ausreichende **Mineralstoffversorgung und Vitamingaben** sehr wichtig. Insgesamt soll der **Futterplan** sehr abwechslungsreich und vielseitig gestaltet werden. Ein Gemisch von etwas Hafer, Reformhafer, Häcksel, Trockengrün, Weizenkleie, Algenmehl, gute Möhren usw. ergibt ein hervorragendes Zufutter. Spätestens sechs bis acht Wochen vor dem Abfohlen muss, falls notwendig, eine Wurmkur mit vom Tierarzt verordneten Mitteln durchgeführt werden.

Geburt

In der Regel geht die Geburt des Fohlens bei Ponys leicht vonstatten, was aber nicht bedeutet, dass die fohlende Stute gänzlich ohne **Aufsicht** bleiben sollte. Treten unerwartete Schwierigkeiten auf, muss sofort der Tierarzt verständigt werden können. Ein untrügliches Zeichen, dass die Geburt bald bevorsteht, sind die „Harztropfen" an den Zitzenausgängen. Die Scham erscheint gelockert und etwas dick, die Beckenbänder sind besonders am Schweifansatz eingefallen. Innerhalb der nächsten 24 Stunden verstärken sich die Harztropfen und es kann vorkommen, dass die Milch bereits zu laufen beginnt. Oft schießt die Milch aber auch erst nach der Geburt ins Euter ein. Nach leichten kolikähnlichen Erscheinungen der Stute erscheint in der Scham die Wasserblase, die meistens von alleine platzt. Danach folgt die Amnionblase mit den beiden Vorderhufen des Fohlens, wobei der Kopf des Fohlens zwischen den Röhrbeinen ruht. In diesem Fall erübrigt sich jede Hilfestellung bei der Geburt und das Fohlen erblickt problemlos das Licht der Welt.

Ist das **Austreibungsstadium** abgeschlossen und das Fohlen vollständig geboren, muss die Überwachungsperson die Eihäute von dem Neugeborenen entfernen. Dass zuvor die Hände gründlich gereinigt und desinfiziert werden, versteht sich wohl von selbst. Die Atmung des Fohlens wird durch Trockenreiben mit Stroh oder Heu angeregt. Die Nabelschnur braucht man normalerweise nicht zu durchtrennen. Nach einer kurzen Erholungspause wird die Stute bald aufstehen und sie reißt von allein. Geschieht dies nicht, wird nach einer **Desinfektion die Nabelschnur** etwa 8 cm entfernt von der Bauchdecke durchtrennt und anschließend der Nabel in ein Schälchen mit Jodtinktur gehalten.

Meist geht die Nachgeburt bei der Stute innerhalb der ersten halben Stunde ab. Eine Nachgeburtsverhaltung liegt dann vor, wenn sich nach drei Stunden noch nichts gelöst hat. Hier ist tierärztliches Eingreifen erforderlich. Keinesfalls darf durch eigenmächtiges, unsachverständiges Ziehen versucht werden, die Lösung der Nachgeburt zu beschleunigen. Es ist ohnehin sinnvoll, den Tierarzt die Vollständigkeit der abgegangenen Nachgeburt überprüfen zu lassen.

Das Fohlen muss unbedingt die erste Milch der Stute, die **Kolostralmilch** erhalten. Diese Milch ist nur innerhalb der ersten 24 bis 36 Stunden vorhanden und enthält Antikörper, die für die Abwehrkraft des Fohlens von großer Bedeutung sind. In den ersten 36 Stunden seines Lebens ist das Fohlen besonders anfällig gegen krankheitserregende Bakterien. Die drei am meisten infektionsgefährdeten Bereiche beim neugeborenen Fohlen sind Nase, Maulhöhle und Nabel. Der Schleim aus Maul und Nase soll vorsichtig von außen mit sauber gewaschenen Händen leicht herausgedrückt und nicht, wie oft gebräuchlich, ausgewischt werden, denn dadurch können lebensgefährliche Infektionen entstehen.

Durch die Aufnahme der Kolostralmilch geht auch das **Darmpech** ab. Darauf ist besonders zu achten. Das Darmpech hat sich beim Fohlen während der Entwicklung im Mutterleib entwickelt und es ist im Vergleich zu anderen Haustieren fester und umfangreicher. Oft handelt es sich dabei um sehr harte steinige Gebilde in dunkelbrauner Farbe. Den Abgang des Darmpechs kann man erleichtern durch das vorsorgliche Einspritzen eines in der Apotheke erhältlichen Klistiers in den After des Fohlens bald nach der Geburt. Wird das Fohlen am 2. Lebenstag unruhig und schlägt lebhaft mit dem Schwänzchen oder legt sich unter mehr oder weniger leichtem Drängen hin, ist meist eine Darmpechverhaltung die Ursache. Das Fohlen schlägt mit den Gliedmaßen und wälzt sich. Kopf und Hals sind nach hinten gedreht, die Sauglust bleibt trotz alledem erhalten.

Der Tierarzt sollte klären, in welchen Darmabschnitten der Kotballen sitzt, und dem Fohlen durch Einläufe und anderes die Schmerzen schnellstens zu lindern suchen.

Eine besondere Art der Verhaltung findet sich auf Grund ihrer spezifischen Beckenform bei Hengstfohlen. Auch nach Abgang des Kotballens lassen die Schmerzen noch nicht nach, da ein neuer Ballen nachrückt. Hier sind etwas länger andauernde, tierärztliche Bemühungen nötig und es ist dafür Sorge zu tragen, dass die Schmerzen das Fohlen nicht unnötig lange quälen und schwächen.

Aufzucht des Fohlens

Als Nestflüchter benötigt das Fohlen gerade einmal 45 Minuten, um auf seinen vier staksigen Beinchen zu stehen. Es dauert gar nicht lange und das Fohlen kann seiner Mutter bereits – wenn auch noch etwas wackelig – folgen. Etwa 30 bis 120 Minuten nach der Geburt finden die meisten Fohlen das Euter der Mutter. Je nach ihrer Milchmenge und dem Milchfluss, aber auch nach Vitalität und Alter des Fohlens richtet sich die Häufigkeit des **Saugens**. Während das Fohlen in der ersten Lebenswoche durchschnittlich etwa viermal in der Stunde zum Saugen geht, holt es sich seine Milchration ab dem 6. Monat nur noch einmal je Stunde. Im Alter von 8 bis 10 Monaten nehmen die Fohlen nur noch einmal alle zwei Stunden etwas Milch zu sich. Dann ist der Zeitpunkt des Absetzens gekommen.

Aufwachsen

Während der ersten Lebenswochen verbringt das Fohlen mehr als 90 % des Tages in nächster Nähe der Mutterstute. Ab der 4. Lebenswoche unternimmt es die erste **Kontaktaufnahme zu anderen Gruppenmitgliedern** – in erster Linie zu Fohlen, aber auch zu Jährlingen und älteren Geschwistern. Bei der Mutter hält es sich immer weniger auf, im Alter von fünf Monaten sind es nur noch etwa 50 %, mit 8 Monaten 20 % des Tages.

Erwartet das Muttertier wieder Nachwuchs, ist es für das Fohlen Zeit, wirklich auf eigenen Füßen zu stehen. Die Mutter würde es nicht vertreiben, an die Milchquelle darf dann aber nur das Neugeborene. Darauf schließt sich das ältere Fohlen den Pferden an, die es ja schon kennt. Nach zwei bis vier Wochen hat der „Absetzer" einen Aktivitätsrhythmus entwickelt, der ihn kaum mehr von anderen Jährlingen und Zweijährigen unterscheidet.

Das **Absetzen** des Fohlens im Alter von sechs Monaten ist besonders dann sehr früh, wenn das Pferdchen nicht nur von seiner Mutter getrennt wird, sondern auch noch die gewohnte Umgebung verlassen muss. Zu befürworten ist eher eine Aufzucht in der Herde mit alters- und geschlechtsgleichen Fohlen sowie auch erwachsenen Tieren. Erst wenn das Fohlen engere Bindungen an andere Pferde und Fohlen aufgebaut hat, können zaghafte Trennübungen von der Mutter vor sich gehen, wobei die Zeitdauer der Trennungen allmählich verlängert wird und das Fohlen schließlich auf eigene Erkundungstour geht.

All dies muss der Züchter sorgsam vorbereiten und beobachten. Er muss bereit sein, die optimalen Bedingungen für seine großen und kleinen Ponys zu schaffen, er darf die damit verbundenen Kosten und Mühen nicht scheuen. Belohnt wird er allerdings dann durch die Freude, wenn die Fohlen erstmals mit ihren „Kameraden" über die Koppel sausen und – zumindest für den Augenblick – ihre Mütter vergessen haben.

Service

Literatur

Baumann, Doris: Kaltblutpferde. Eugen Ulmer KG, Stuttgart 2005.
Baumann, Doris: Pony-ABC. Kierdorf-Verlag, Remscheid 1987.
Behling, Silke: Ponys. Verlag Eugen Ulmer, Stuttgart 2008.
Bellinghausen, Wilfried: Pferdekrankheiten – Patient Tier. Verlag Eugen Ulmer Stuttgart 1994.
BMELV: Leitlinien Tierschutz im Pferdesport. Hrsg.: Bundesministerium für Ernährung, Landwirtschaft und Verbwraucherschutz (BMELV), Referat Tierschutz, Bonn 1992.
BMELV: Leitlinien zur Beurteilung von Pferdehaltungen unter Tierschutzgesichtspunkten. Hrsg.: Bundesministerium für Ernährung, Landwirtschaft und Verbraucherschutz (BMELV), Referat Tierschutz, Bonn 1995.
Borries von, Andrea: Gebisse, Zäume, Sättel. Verlag Eugen Ulmer, Stuttgart 1998.
Brand, Joachim: Wanderreiten. BLV Verlagsgesellschaft mbH., München 1985.
Bruhns, Erika: Handbuch Offenstall. Cadmos Verlag GmbH, Lüneburg 2000.
Die Deutsche Reiterliche Vereinigung: Ponys und Kleinpferde, Bereich Zucht, Herausgeber: Arbeitsgemeinschaft für Pony- und Kleinpferdezüchter (ACP), Warendorf 1999.
Ettl, Renate: Reiterspiele und Allroundturniere. Cadmos Verlag GmbH, Lüneburg 2001.
Fersing, Nikola: Offenstallhaltung. Cadmos Verlag, Lüneburg 2000.
Gruber, Regina: Pferde in Weidehaltung. Verlag Eugen Ulmer, Stuttgart 2002.
Henderson, Carolyn: Richtige Pferdefütterung. Cadmos Verlag GmbH, Lüneburg 1998.
Höfling, Johannes: Tiergerechte Pferdehaltung. Bildungsseminar für die Agrarverwaltung Rheinland-Pfalz, 1999.
Hofmann, Silvia C.: Western. Cadmos Verlag GmbH, Lüneburg 1998.
Hofmann, Silvia C.: Pferde natürlich halten. BVL Verlagsgesellschaft, München 2000.
Holtappel, Antje: Go West. Franckh-Kosmos Verlags-GmbH & Co., Stuttgart 1996.
Houpt, K. A. and T. R. Houpt: Social and Illumination preferences of Mares. J. Anim. Sci., 1989, Bd. 66, S. 2159–2164.
Kresse, Wolfgang: Pferderassen der Welt. Verlag Eugen Ulmer, Stuttgart 1999.
Landwirtschaftskammer Nordrhein-Westfalen: Rechenmeister für die Pferdefütterung. Neuauflage 2005.

LAUNER, PETER; MILL, JÜRGEN UND WILHELM RICHTER: Krankheiten der Reitpferde. Verlag Eugen Ulmer, Stuttgart 2006

LÖBBING, CHRISTOPH: Pferdehaltung in Zahlen. Verlag Eugen Ulmer, Stuttgart 2003.

MÖHLENBRUCH, GEORG; BOTTERMANN, HEINRICH; SCHWITTE, WALTER: Beruf Pferdewirt. Verlag Eugen Ulmer, Stuttgart 1999.

NASSAU, ROB VAN: Hufprobleme. Verlag Eugen Ulmer, Stuttgart 2007.

PIRKELMANN, HEINRICH; AHLSWEDE, LUTZ UND MARGIT ZEITLER-FEICHT: Pferdehaltung. Verlag Eugen Ulmer, Stuttgart 2008.

RÜSBÜLDT, ANKE: Pferde richtig impfen und entwurmen. Cadmos Verlag, Lüneburg 2001.

STENGLIN, FREIHERR VON, CHRISTIAN; DEUTSCHE REITERLICHE VEREINIGUNG: Deutsche Pferdezucht. FN-Verlag der Deutschen Reiterlichen Vereinigung GmbH, Warendorf 1994.

STRUWE, HENNING: Islandpferde. Verlag Eugen Ulmer, Stuttgart 2000.

WEBBER, TONI: Stallbau. Cadmos Verlag, Lüneburg 1996.

ZEITLER-FEICHT, MARGIT: Handbuch Pferdeverhalten. Verlag Eugen Ulmer, Stuttgart 2008.

Adressen

Zuchtverbände

Pferdezuchtverband Baden-Württemberg e.V., Haupt- und Landgestüt Marbach, 72532 Gomadingen, Tel.: 07385-9695-0, Fax: 07385-9695-10.

Landesverband Bayerischer Pfeerdezüchter e.V., Landhamer Straße 11, 81929 München, Tel.: 089-9296713, Fax: 089-907405.

Landespferdezuchtverband Berlin-Brandenburg e.V., Hauptgestüt 10, 16845 Neustadt/Dosse, Tel.: 033970-13201, Fax: 033970-13949.

Verband Hessischer Pferdezüchter e.V., An der Hessenhalle 5, 36304 Alsfeld, Tel.: 06631-96550, Fax: 06631-965523;
e-Mail: hessenpferd@t-online.de, Internet: http://www.pferd-aktuell.de/pzv.hes.

Verband der Pferdezüchter Mecklenburg-Vorpommern e.V., Speicherstraße 11, 18173 Güstrow, Tel.: 03843-72470, Fax: 03843-724747,
e-Mail: verband.der.pferdezuechter.mv@t-online.de,
Internet: http://www.pferd-aktuell.de

Rheinisches Pferdestammbuch e.V., Endenicher Allee 60, 53115 Bonn, Tel.: 0228-703364, Fax: 0228-7667589.

Pferdezuchtverband Rheinland-Pfalz-Saar e.V., Pferdezentrum,
67816 Standenbühl, Tel.: 06357-897, Fax: 06357-1501.

Pferdezuchtverband Sachsen e.V., Winterbergstraße 98, 01237 Dresden,
Tel.: 0351-2561001, Fax: 2549063, e-Mail: PZV.Sachsen@t-online.de

Pferdezuchtverband Sachsen-Anhalt e.V., Frommhagenstraße 16,
39576 Stendal, Tel.: 03931-21859, Fax: 03931-794904,
e-Mail: PZV-SA@t-online.de

Verband Thüringer Pferdezüchter e.V., Lisztstraße 4, 99423 Weimar,
Tel.: 03643-24880, Fax: 03643-248815.

Westfälisches Pferdestammbuch e.V., Sudmühlenstraße 33, 48157 Münster,
Tel.: 0251-328090, Fax: 0251-3280924,
e-Mail: Westfalenpferde@t-online.de, Internet: http://www.westfalenpferde.de

Pferdestammbuch Schleswig-Holstein/Hamburg e.V., Steenbeker Weg 151,
24106 Kiel, Tel.: 0431-331776, Fax: 0431-336142.

Verband der Kleinpferdezüchter in Bayern e.V., Landshamer Straße 11,
81929 München, Tel.: 089-92696743, Fax: 089-92696741.

Verband der Pony- und Kleinpferdezüchter Hannover e.V.,
Johannsenstraße 10, 30159 Hannover, Tel.: 0511-320410, Fax: 325759.

Verband der Ponyzüchter Hessen e.V., Rheinstraße 91, 64295 Darmstadt,
Tel.: 06151-893955, Fax: 06151-893897,
Internet: http://www.pferd-aktuell.de/vdph

Pferdestammbuch Weser-Ems e.V., Mars-la-Tour-Straße 6, 26121 Oldenburg,
Tel.: 0441-82582, Fax: 0441-82551.

Zuchtverband für deutsche Pferde e.V., Am Nordertor 1, 27283 Verden,
Tel.: 04231-82892, Fax: 04231-5780.

Interessengemeinschaften

Arbeitsgemeinschaft für Pony- und Kleinpferdezüchter (AGP), 48229
Warendorf, Tel.: 02581-6362-157, Fax: 02581-6362-105,
e-Mail: Fn@fn-dokr.de.

Verein der Freunde und Züchter des Camargue-Pferdes e.V., Paulstraße 6,
50259 Pulheim, Tel.: 02238-53980, Fax: wie Telefon.

Connemara-Pony-Interessengemeinschaft e.V., Am Brombeerschlag 3,
81375 München, Tel.: 089-7140794, Fax: wie Telefon,
e-Mail: Connemara.pony@t-online.de

Dales-Pony, Frau Dr. Doris Kleffken-Wiederhold, Wagenfeldweg 20,
48268 Greven, Tel.: 0275-2865, Fax: wie Telefon.

Interessengemeinschaft Dartmoorponyzüchter und –freunde in Deutschland
e.V., Paustenbacherstraße 33, 52152 Simmerath,
Tel.: 02473-7533, Fax: 02473-68297.

Interessengemeinschaft des Dülmener Wildpferdes Deutschland e.V.,
Herrn Detlef Bleser, Adalbert Stifter-Straße 5, 65479 Raunheim,
Tel.: 06142-924920, Fax: 0641-9249222.

Deutsche Exmoor-Pony-Gesellschaft. Elisabeth und Christina Verfürth,
E.-Humperdinck-Straße 9, 46509 Xanten, Tel.: 02801-5331.

Fell Pony Society Deutschland, Frau Barbara Müller, Schweissthal 20,
54614 Nimsreuland, Tel.: 06553-1746, Fax: wie Telefon:

Interessengemeinschaft Fjordpferd e.V., Haffwiesenhof, Dorfstraße 80 b,
17375 Leopoldshagen, Tel.: 039774-20222, Fax: 039774-20021,
e-Mail: IGF-eV@t-online.de,
Internet: http://home.t-online.de/home/fjordpferd/igf.htm

Arbeitsgemeinschaft der Haflingerzüchter/-halter in der Bundesrepublik
Deutschland e.V. (AGH), Herrn Dr. Uvo Wolf, Ringstraße 20, 82432 Walchensee,
Tel.: 8858-253, Fax: wie Telefon,
Internet: http://www.a-g-h-de

Interessengemeinschaft Highlandpony e.V., Büchener Weg 17,
21514 Siebeneichen, Tel.: 04158-728, Fax: 04158-8402.

Islandpferde-Reiter- und Züchterverband (IPZV) e.V., Herrn Christian Schützel,
Tränkepforte 3, 34117 Kassel, Tel.: 0561-7395113, Fax: 0561-7395114,
e-Mail: geschaeftsstelle@ipzv.de, Internet: http://www.pizv.de

Konik Zuchtverein e.V., Frau Bärbel Leiblein, Rostocker Straße 26,
18334 Dettmannsdorf-Kölzow, Tel.: 038228-275.

Mérens Deutschland e.V., Frau Eva Nibbe, Auf den Höfen 23,
72393 Melchingen, Tel.: 07126-636, Fax: 07126-659,
e-Mail: Vorstand@Merenspferd.de, Internet: http://www.Merenspferd.de

Interessengemeinschaft New-Forest-Pony e.V. Deutschland, Untere Hauptstraße 16, 89407 Dillingen, Tel.: 09071-5933, Fax: wie Telefon.

Interessengemeinschaft der Shetlandponyzüchter e.V., Sabine Deeke, Große Weide 17 a, 38518 Gifhorn, Tel.: 05371-932867, (Sprechzeit: Montag 16.30 bis 18.30 Uhr) Fax: 0571-932869.

Interessengemeinschaft Welsh e.V., Geschäftsstelle Frau Anke Tuschik, Lindenstraße 21, 24327 Blekendorf, Tel.: 04382-534, Fax: 04382-676.

Bildquellen

Die Zeichnungen fertigte Helmuth Flubacher, Waiblingen, nach Vorlagen aus der Literatur.

Fotos:
Arioko/Pierre Miriski: Seite 67, 70
Doris Baumann: Seite 5, 12, 30, 34, 41
IPO: 9, 15, 20, 23, 29, 38, 46, 51, 55, 58, 79, 84, 89, 93 links, 93 rechts, 96, 113 links, 113 rechts, 132, 144
Lothar Lenz: Seite 21, 27, 101
Sabine Stuewer: Titelfoto und Seite 2/3, 6, 10, 13, 17, 18, 24, 32, 36, 42, 54, 58, 74, 88, 108, 109, 117, 120, 121, 124, 128, 129, 136, 140
Zoonar GmbH/Luidger Weyers: Seite 26

Haftungsausschluss
Autor und Verlag haben sich um richtige und zuverlässige Angaben bemüht. Fehler können jedoch nicht vollständig ausgeschlossen werden. Eine Garantie für die Richtigkeit der Angaben kann daher nicht gegeben werden. Haftung für Schäden und Unfälle wird aus keinem Rechtsgrund übernommen.

Register

Absetzen 151
Abstammung 50
Abstammungspapiere 46
Abwehrreaktion 45
Aktivstall 56
Ankaufsuntersuchung 48
Ankörung 43
Anreiten 116
Arabo-Haflinger 21
Artgerechte Aufzucht 43
Aufzuchtbedingungen 147
Ausbildung 39
Ausbindezügel 122
Ausdüngung 72
Auslauf 72
Ausschlagen 45

Baden 146
Bandagen 146
Bauantrag 55
Bauordnung 55
Bergabreiten 146
Bergaufreiten 146
Besatzdichte, Weide 75
Beweislast 52
Böden 66
Bodenbefestigung 60
Bodenuntersuchung 77

Camarque-Pferd 7, 8
Connemara-Pony Breeders Society 8

Dales-Pony 11
Darmparasiten 95
Darmpechverhaltung 150
Dartmoor-Pony 11
Decktermin 149
Deutsches Reitpony 12
Diätfutter 85
Dülmener Wildpferde 15
Dülmener 15
Dünger 77
Dunggrube 64
Durchfall 85
Durchfressgitter 68

Einfahren 126
Einstreu 70 ff
Einstreuschicht 71
Einzäunung 79
Einzäunung 78
Elektroband 79
Erste Hilfe 95
Exmoor-Pony 16
Exterieur 50

Fahrgeschirre 132
Fahrkurs 45
Familienpony 40
Fellpflege 88
Fell-Pony 17
Fenster 66
Fensterlüftung 64
Fjordpferd 19
Fohlen 42
Fohlenaufzucht 151
Fohlenmarkt 44
Fohlenrosse 148
Freilandhaltung 61
Freizeitreiten 123
Fressgewohnheiten 46
Fressverhalten, arttypisches 87
Fresszeitverlängerung 68
Frischluft 64
Frostschutz 80
Fruktane 74
Funktionsbereiche 57
Futterkrippe 69
Futterrationierung 57

Galloway-Pony 10
Gebirgspferd 21
Gebiss 48
Geburt 149
Geilstellen 74
Gesunderhaltung 95 ff
Gewährsmängel 51
Gewichtshilfe 122
Giftige Pflanzen 76
Gleichgewicht 39
Grünfutter 82
Gruppengröße 58
Gruppenzusammensetzung 58

Hafer 81, 84
Haflinger 20
Hengst 42
Herdenverbund 61
Heu 82
Heunetz 68
Heuraufe 68
Highland-Pony 23
Hilfengebung 123
Hufkontrolle 146
Hufpflege 92
Hufrehe 74, 76, 100
Hufschmied 112

Impfungen 107
Islandpferd 24

Kardätsche 89
Karotten 85
Kauf 38 ff
Kaufpreis 50
Kaufvertrag 50
Kinderpony 38
Klassische Reitlehre 119
Knabberhölzer 79
Kolostralmilch 150
Kolik 81, 102
Konik 25
Kraftfutter 84
Kraftfutterstation 60
Krankheiten 97
Krippengröße 69

Leistungsprüfungen 43
Longieren 114
Luftaustausch 64 ff

Mash 85
Matratzenstreu 71
Mehrtagesritte 145
Mérens-Pony 27
Mischgebiet 54
Mistgrube 64
Morastbildung 61

Nabelschnur 150
Nacherfüllungsanspruch 52
Nachgeburt 150
Nagen 79

New Forest-Pony 29
Norfolk Trotters 10
Norweger 19

Offenlaufstall 56, 153
Offenstallgröße 59

Packpferd 145
Paddock 72
Passergespann 40
Pferdegerechte Anlage 53
Pferdetrekking 139
Ponymischfutter 85
Ponyspiele 136
Przewalski Wildpferd 19

Raufen 69
Raufutterstation 60
Reithalfter 128
Riding Pony 13
Rinderweide 74
Rosse 44
Ruheraum 59

Sachmangel 51
Sägespäne 70
Sattel- und Gurtenlage 146
Sattel 129
Schafe 74
Schenkelhilfe 122
Schneidezähne 49
Schutzeinrichtungen 61
Schutzhütte 58
Sehnenschoner 146
Selbsttränkebecken 69, 87
Selektionstor 60
Shetland-Pony 29
Sichtkontakt 63
Sitzfestigkeit 39
Sommerekzem 45
Sozial- und Umweltkontakt 62
Sozialverhalten 56
Sozialverhalten 56
Stallapotheke 106
Stallfenster 67
Stallgasse 64
Standweide 75
Steigen 45

Stille Rosse 148
Streichen 146
Streichkappen 146
Stute 42

Tarpan 26
Temperatur 65
Thermobandagen 146
Trennzäune 79
Trinkverhalten, arttypisches 87

Umtriebsweide 75
Umweltschutzauflagen 55

Verhaltensweisen 110
Verkehrssicherheit 45
Verladen 134
Verletzungen 96
Verpaarung 147
Verträglichkeit 58
Verwurmung 74

Walisisches Gebirgspferd 31
Wallach 42
Wanderreiten 139
Wasserbürste 89
Wechselstreu 71
Weide 73
Weidehütte 61
Weidetor 80
Welsh Cob-Pony Sektion D 35
Welsh Mountain-Pony Sektion A 33
Welsh-Pony 31
Westernreiten 123
Wirtschaftsräume 64
Woilach 143
Würmer 80, 95

Zahnalter 48
Zahnformeln 48
Zahnkontrolle 51, 95
Zuckerrüben 84
Zügelhilfe 122

Impressum

Bibliografische Information der Deutschen Nationalbibliothek

Die Deutsche Nationalbibliothek verzeichnet diese Publikation in der Deutschen Nationalbibliografie; detaillierte bibliografische Daten sind im Internet über http://dnb.d-nb.de abrufbar.
Das Werk einschließlich aller seiner Teile ist urheberrechtlich geschützt. Jede Verwertung außerhalb der engen Grenzen des Urheberrechtsgesetzes ist ohne Zustimmung des Verlages unzulässig und strafbar. Das gilt insbesondere für Vervielfältigungen, Übersetzungen, Mikroverfilmungen und die Einspeicherung und Verarbeitung in elektronischen Systemen.
© 2009 Eugen Ulmer KG
Wollgrasweg 41, 70599 Stuttgart (Hohenheim)
E-Mail: info@ulmer.de
Internet: www.ulmer.de
Lektorat: Dr. Eva-Maria Götz
Herstellung: Ulla Stammel, Gabriele Wieczorek
Umschlagentwurf: Atelier Reichert, Stuttgart
Satz: r&p digitale medien, Leinfelden-Echterdingen
Druck und Bindung: Pustet, Regensburg
Printed in Germany

ISBN 978-3-8001-5625-2

Praktisches Pferdewissen

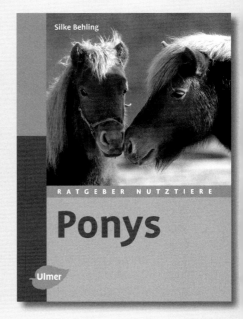

Probleme mit Pferden? Dieses Handbuch informiert über den aktuellen Stand der wissenschaftlichen Diskussion und vermittelt die Grundlagen des Pferdeverhaltens, um den Leser „pferdekundiger" zu machen und einer Vermenschlichung des Umgangs mit Pferden entgegenzuwirken.

Handbuch Pferdeverhalten.

Ursachen, Therapie und Prophylaxe von Problemverhalten. M. Zeitler-Feicht. 2., aktualisierte Aufl. 2008. 224 S., 116 Farbf., 18 sw-Fotos, 21 Zeichn., geb. ISBN 978-3-8001-5579-8.

Dieses Buch beschreibt umfassend die körperlichen Eigenschaften und Besonderheiten, Verhalten und Erziehung. Es enthält außerdem spezifische Informationen zur Ernährung, Gesunderhaltung und Aufzucht, Ausrüstung, Ausbildung und Nutzung.

Ponys.

S. Behling. 2008. 96 S., 53 Farbf., 8 Zeichn., geb. ISBN 978-3-8001-5342-8.

 www.ulmer.de